Umschlagmotiv: Urquhart Castle am Loch Ness
Herausgeber: Polyglott-Redaktion
Verfasser: Bernd Müller
Lektorat: Dr. Beatrix Finke
Gestaltung: Illustration & Graphik Forster GmbH, Hamburg
Karten und Pläne: Huber. Kartographie
Titeldesign-Konzept: V. Barl
Realisation: Studio Wolf Brannasky

Ergänzende Anregungen, für die wir jederzeit dankbar sind, bitten wir zu richten an:
Polyglott-Verlag, Redaktion, Postfach 40 11 20, 80711 München.

Alle Angaben wurden sorgfältig geprüft. Dennoch kann eine Gewähr für Vollständigkeit und Richtigkeit nicht übernommen werden.

Zeichenerklärung

- Information
- Flugverbindungen
- Eisenbahnverbindungen
- Busverbindungen
- Schiffsverbindungen
- Campingplatz
- Öffnungszeiten
- Telefonnummer
- Faxnummer
- Hotel
- $$$ DZ pro Person über 125 DM
- $$ zwischen 60 und 125 DM
- $ unter 60 DM
- Restaurant
- $$$ Menü pro Person über 70 DM
- $$ zwischen 35 und 70 DM
- $ unter 35 DM

Routenpläne

- Route mit Routenziffer
- Autobahn, Schnellstraße
- sonstige Straßen, Wege
- Staatsgrenze, Landesgrenze
- National-, Naturparksgrenze

Stadtpläne

- Durchgangsstraße
- sonstige Straßen
- Fußgängerzone
- Fußweg

Komplett überarbeitete Auflage 1996/97

Redaktionsschluß: Juni 1996

Printed in Germany/II.
Gedruckt auf chlorfrei gebleichtem Papier
ISBN 3-493-62728-9

Polyglott-Reiseführer

Schottland

Bernd Müller

Polyglott-Verlag München

Allgemeines

Städtebeschreibungen

Routen

Fremde Kulturen kennenlernen und gastfreundlichen Menschen begegnen – wie sehr genießen wir das auf Reisen. Zu Hause bei uns jedoch wird mancher Ausländer von einer kleinen Minderheit beschimpft, bedroht und sogar mißhandelt. Alle, die in fremden Ländern Gastrecht genossen haben, tragen hier besondere Verantwortung. Deshalb: Lassen Sie es nicht zu, daß Ausländer diffamiert und angegriffen werden. Lassen Sie uns gemeinsam für die Würde des Menschen einstehen.

Verlagsleitung und Mitarbeiter des Polyglott-Verlages

Langenscheidt Mini-Dolmetscher

Allgemeines

Guten Morgen	Good morning [gud **moh**ning]
Guten Tag (nachmittags)	Good afternoon [gud after**nuhn**]
Hallo!	Hello! [häl**loh**]
Wie geht's?	How are you? [hau **ah**‿ju]
Danke, gut.	Fine, thank you. [**fain, θänk**‿ju]
Ich heiße ...	My name is ... [mai **nehm**‿is]
Auf Wiedersehen.	Goodbye. [gud**bai**]
Morgen	morning [**moh**ning]
Nachmittag	afternoon [after**nuhn**]
Abend	evening [**ihw**ning]
Nacht	night [nait]
morgen	tomorrow [tu**morr**oh]
heute	today [tu**deh**]
gestern	yesterday [**jes**terdeh]
Sprechen Sie Deutsch?	Do you speak German? [du‿ju spihk **dsehöh**mən]
Wie bitte?	Pardon? [**pah**dn]
Ich verstehe nicht.	I don't understand. [ai **dohnt** ander**ständ**]
Würden Sie das bitte wiederholen?	Would you repeat that please? [wud‿ju ri**piht** ðät, **plihs**]
bitte	please [**plihs**]
danke	thank you [**θänk**‿ju]
Keine Ursache.	You're welcome. [joh **wäll**kamm]
was / wer / welcher	what / who / which [wott / huh / witsch]
wo / wohin	where [wäə]
wie / wieviel	how / how much [hau / hau **matsch**]
wann / wie lange	when / how long [wänn / hau **long**]
Warum?	why [wai]
Wie heißt das?	What is this called? [**wott**‿**is** ðiß **kohld**]
Wo ist ...?	Where is ...? [**wäər**‿is ...]
Können Sie mir helfen?	Can you help me? [kän‿ju **hälp**‿mi]
ja	yes [jäß]
nein	no [noh]
Entschuldigen Sie.	Excuse me. [iks**kjuhs** mi]

Sightseeing

Gibt es hier eine Touristen-information?	Is there a tourist information? [is‿ðər‿ə **tuə**rist infə**meh**schn]
Haben Sie einen Stadtplan / ein Hotelverzeichnis?	Do you have a city map / a hotel guide? [du‿ju häw‿ə ßiti mäpp / hoh**täll** gaid]
Welche Sehenswürdigkeiten gibt es hier?	What are the local sights? [**wott**‿ə ðə **loh**kl **ßaits**]
Wann ist ... geöffnet?	When are the opening hours of ...? [**wänn**‿ah ði **ohp**ning auers əw ...]
das Museum	the museum [ðə mju**sih**əm]
die Kirche	the church [ðə **tschöh**tsch]
die Ausstellung	the exhibition [ði egsi**bischn**]
Wegen Restaurierung geschlossen.	Closed for restoration. [**klohsd** fə rästə**rehschn**]

Shopping

Wo gibt es ...?	Where can I find ...? [**wäə** kən‿ai **faind** ...]
Wieviel kostet das?	How much is this? [**hau**‿matsch **is**‿ðiß]
Das ist zu teuer.	This is too expensive. [ðiß‿is **tuh** iks**pänn**ßiw]
Das gefällt mir (nicht).	I like it. / I don't like it. [ai **laik**‿it / ai **dohnt laik**‿it]
Gibt es das in einer anderen Farbe / Größe?	Do you have this in a different colour / size? [du‿ju **häw**‿ðiß in‿ə **diffr**ənt **kaller**/**ßais**]
Ich nehme es.	I'll take it. [ail **tehk**‿it]
Wo ist eine Bank?	Where is a bank? [**wäər**‿is ə‿**bänk**]
Ich suche einen Geldautomaten.	I am looking for a cash dispenser. [aim **luck**ing fər‿ə **käsch** dis**pänn**ser]
Geben sie mir 100 g Käse / zwei Kilo Pfirsiche.	Could I have a hundred grams of cheese / two kilograms of peaches. [kud‿ai häw‿ə **hann**drəd grämms‿əw **tschihs** / **tuh kill**əgrämms‿əw **pih**tschis]
Haben Sie deutsche Zeitungen?	Do you have German newspapers? [du‿ju häw **dsehöh**mən **njuhs**pehpers]
Wo kann ich telefonieren / eine Telefonkarte kaufen?	Where can I make a phone call / buy a phone card? [**wäə** kən‿ai mehk‿ə **fohn**‿kohl / bai‿ə **fohn**‿kahd]

Notfälle

Ich brauche einen Arzt / Zahnarzt.	I need a doctor / a dentist. [ai **nihd**‿ə **dock**ter/ ə **dänn**tist]
Rufen Sie bitte einen Krankenwagen / die Polizei.	Please call an ambulance / the police. [**plihs** kohl ən‿**ämm**bjuləns / ðə pə**lihs**]
Wir hatten einen Unfall.	We've had an accident. [wihw **häd** ən‿**äck**ßidənt]
Wo ist das nächste Polizeirevier?	Where is the nearest police station? [**wäər**‿is ðə **niə**rəst pə**lihs** stehschn]
Ich bin bestohlen worden.	I have been robbed. [ai həw bihn **robbd**]
Mein Auto ist aufgebrochen worden.	My car has been broken into. [mai **kah** həs bihn **broh**kən **inn**tu]

Essen und Trinken

Die Speisekarte, bitte.	The menu please. [ðə **männ**ju plihs]
Brot	bread [bräd]
Kaffee	coffee [**koff**i]
Tee	tea [tih]
mit Milch / Zucker	with milk / sugar [wið‿**milk** / **schugg**er]
Orangensaft	orange juice [**orr**ənd~~seh~~‿d~~seh~~uhs]
Mehr Kaffee, bitte.	Some more coffee please. [ßəm‿moh **koff**i plihs]
Suppe	soup [ßuhp]
Fisch / Meeresfrüchte	fish / seafood [fisch / **ßih**fud]
Fleisch / Geflügel	meat / poultry [miht / **pohl**tri]
Beilage	sidedish [**ßaid**disch]
vegetarische Gerichte	vegetarian food [wäd~~seh~~ə**tä**riən fud]
Eier	eggs [ägs]
Salat	salad [**ßäl**əd]
Dessert	dessert [di**söht**]
Obst	fruit [fruht]
Eis	ice cream [aiß **krihm**]
Wein	wine [wain]
weiß/rot/rosé	white / red / rosé [wait / räd / **roh**seh]
Bier	beer [**biə**]
Aperitif	aperitif [ə**pärr**ətihf]
Wasser	water [**woh**ter]
Mineralwasser	mineral water [**minn**rəl wohter]
mit / ohne Kohlensäure	sparkling / still [**spahk**ling / still]
Limonade	lemonade [lämmə**nehd**]
Frühstück	breakfast [**bräck**fəst]
Mittagessen	lunch [lanntsch]
Abendessen	dinner [**dinn**er]
ein Imbiß	a snack [ə‿**ßnäck**]
Ich möchte bezahlen.	I would like to pay. [ai‿wud **laik**‿tə **peh**]
Es war sehr gut/nicht so gut.	It was very good / not so good. [it‿wəs **wärri gud** / **nott**‿ßoh **gud**]

Im Hotel

Ich suche ein gutes / nicht zu teures Hotel.	I am looking for a good / not too expensive hotel. [aim **luck**ing fər‿ə **gud** / **nott** tu ick**spänn**ßiw hoh**täll**]
Ich habe ein Zimmer reserviert.	I have booked a room. [ai həw **buckt** ə **ruhm**]
Ich suche ein Zimmer für ... Personen.	I am looking for a room for ... persons. [aim **luck**ing fər‿ə **ruhm** fə ... **pöh**ßns]
Mit Dusche und Toilette.	With shower and toilet. [wið **schau**ər‿ənd **toi**lət]
Mit Balkon / Blick aufs Meer.	With a balcony / overlooking the sea. [wið‿ə **bälk**əni / **oh**werlucking ðə **ßih**]
Wieviel kostet das Zimmer pro Nacht?	How much is the room per night? [**hau**‿matsch is ðə ruhm pə‿**nait**]
Mit Frühstück?	Including breakfast? [in**kluh**ding **bräck**fəst]
Kann ich das Zimmer sehen?	Can I see the room? [kən‿ai **ßih** ðə ruhm]
Haben Sie ein anderes Zimmer?	Do you have another room? [du‿ju **häw** ə**nað**er ruhm]
Das Zimmer gefällt mir (nicht).	I like the room. / I don't like the room. [ai **laick** ðə ruhm / ai **dohnt laick** ðə ruhm]
Kann ich mit Kreditkarte bezahlen?	Do you accept credit cards? [du‿ju əck**ßäppt krädit**‿kahds]
Wo kann ich parken?	Where can I park the car? [**wäə** kən‿ai **pahk** ðə **kah**]
Können Sie das Gepäck in mein Zimmer bringen?	Could you bring the luggage to my room? [kud‿ju **bring** ðə **lagg**idsch tə‿mai **ruhm**]
Haben Sie einen Platz für ein Zelt / einen Wohnwagen / ein Wohnmobil?	Is there room for a tent / a caravan / a camper? [is‿ðə **ruhm** fər‿ə **tänt** / ə **kär**əwən / ə **kämp**er]
Wir brauchen Strom / Wasser.	We need electricity / water. [wi **nihd** iläck**triß**əti / **woh**ter]

Editorial

Schottland kommt bei vielen Leuten immer noch überwiegend als Gegenstand von Witzen vor – Geiz und Männer in Röcken sind die bestimmenden Themen, hinzu kommen als Stichworte Dudelsack und Whisky. In Großbritannien sind die Schotten für ganz andere Dinge bekannt: zum Beispiel für die angeblich ungesundeste Ernährung, aber auch für die Ablehnung der konservativen britischen Regierungspartei durch eine große Mehrheit der Bevölkerung – und für deutlich geringere Kriminalitätsraten als in England.

Die Schotten bemühen sich heute zusehends um Abgrenzung von England und Betonung einer eigenen Identität. Mit nichts kann man sie so ärgern wie mit der Einordnung der Kulturleistungen ihrer Vorfahren als „englische Literatur“ oder „englische Architektur“ – zwei Gebiete übrigens, auf denen Schotten Großes geleistet haben. – Wir haben es hier jedenfalls mit einem Land zu tun, das einerseits mit sozialen und politischen Problemen behaftet ist, von denen man in Kontinentaleuropa selten etwas hört, dessen Name aber andererseits bestimmte klischeehafte Vorstellungen auslöst. Das Verblüffende ist jedoch, daß Schottland fast alle Erwartungen erfüllt: Wer Dudelsackmusik, Schottenröcke und Whiskydestillen sucht, findet sie bei den Highland Games und am Malt Whisky Trail in Speyside zuhauf. Wer Einsamkeit, grandiose Landschaft und (relativ) unverdorbene Natur erwartet, wird ebensowenig enttäuscht. Und wen es nach gebauter, ausgestellter und vorgeführter Kultur gelüstet, nach zivilisierten Genüssen jeder Art, der sollte sich nicht zuviel anderes vornehmen.

Nur wer sich über geizige Hinterwäldler lustig machen möchte, muß mit Enttäuschungen rechnen.

Abenddämmerung an der Küste

Am Loch Torridon im Nordwesten

Im Naturschutzgebiet Loch Garten, Cairngorms

Der Autor

Bernd Müller
lebt seit vielen Jahren in Großbritannien und arbeitet dort als Übersetzer, Journalist und Reisebuchautor.

Land und Leute

Lage und Landschaft

Schottland umfaßt das nördliche Drittel der britischen Hauptinsel samt umliegender Inselwelt (Hebriden, Orkney, Shetland). Edinburgh liegt etwa auf der Höhe von Kopenhagen und Moskau, die Nordspitze des schottischen „Festlands" auf der Höhe von Stockholm. Geologisch läßt sich Schottland in drei Regionen aufteilen: Die *Southern Uplands* bilden einen 70-80 km breiten Saum von Hügeln bis über 800 Meter Höhe, der sich von der englischen Grenze bis südlich von Edinburgh und Glasgow erstreckt. Die beiden Städte selbst liegen im zentralen Gebiet der *Lowlands*. Dieser von Südwesten nach Nordosten verlaufende Streifen ohne größere Erhebungen ist der fruchtbarste und dichtestbesiedelte Teil Schottlands. Im Norden schließen sich die *Highlands* an, die wiederum durch die Verwerfung des Great Glen (Loch Ness, Loch Lochy und Loch Linnhe) unterteilt werden. Östlich davon, in den Eastern Highlands, verläuft die Gebirgskette der Grampians. Westlich und nördlich erstrecken sich die am dünnsten besiedelten Gebiete Großbritanniens, mit Bergen bis über 1300 Meter Höhe, spärlichem Bewuchs und den ältesten Gesteinsformationen in Westeuropa.

Klima und beste Reisezeit

Das schottische Klima ist im Westen atlantisch mild (dank der Ausläufer des Golfstroms), mit hohen Niederschlagsmengen und relativ geringen Temperaturschwankungen – es wird im Winter nicht so kalt, dafür aber im Sommer auch nicht so warm wie im Osten an der Nordseeküste, wo die Bedingungen rauher sind, aber Niederschläge deutlich seltener vorkommen. Die wenigsten Regentage verzeichnet die Gegend um Edinburgh mit durchschnittlich 175 im Jahr, die meisten (etwa 250 pro Jahr) erleben die Äußeren Hebriden.

Mit raschem Wetterwechsel muß man jederzeit und überall in Schottland rechnen. Aber „rascher Wechsel" ist natürlich nicht einseitig zu verstehen – die Regenstatistik täuscht darüber hinweg, daß beispielsweise auf den Hebriden kaum ein Tag ganz verregnet ist.

Die Hauptreisesaison liegt zwischen der zweiten Junihälfte und den ersten Septemberwochen, wenn die Tagestemperaturen öfter einmal deutlich über 20 Grad ansteigen. Die Zeit von Mitte Mai bis Mitte Juni und Ende September/ Anfang Oktober ist ruhiger (weil außerhalb der britischen Schulferien gelegen), und man kann dennoch vor Winterstürmen einigermaßen sicher sein – im Nordwesten ist der Frühherbst oft die angenehmste Jahreszeit. Die relativ kurze Wintersportsaison hat ihren Höhepunkt von Januar bis März.

Natur

Mit Ausnahme einiger unzugänglicher Küstenstreifen und entlegener, unbewohnter Inseln kann man selbst die „wildesten" und am dünnsten besiedelten Teile Schottlands nicht eigentlich als naturbelassen bezeichnen. Forstwirtschaft, Schafzucht und Bewirtschaftung zu Jagdzwecken haben Flora und Fauna auch in jenen Gebieten verändert, die weitab von Besiedelung und Hauptstraßen liegen; hinzu kommt die zunehmende Belastung durch den Tourismus. Während die Lowlands und Southern Uplands vom Beginn ihrer Besiedelung an als geeignet für Ackerbau und Viehzucht erkannt und entsprechend genutzt wurden, herrschte in den Highlands bis zur Wende vom 18. zum 19. Jahrhundert (s. a. S. 14) weitgehend Subsistenzwirtschaft vor, die relativ geringe Eingriffe in die natürliche Landschaft erforderte – mit Ausnahme des Holzbedarfs, der schon früh den alten kaledonischen (nordschottischen) Forst dezimierte.

Man ist in Schottland nie weit vom Meer entfernt, und neben fast baumlosen Hügel- bzw. Gebirgsketten können Felsenküsten als die typisch schottische Landschaft gelten. Kein Wunder also, daß sich auf den Inseln und an den Küsten einige der bedeutendsten Seevogelkolonien Europas finden. Daneben versucht man in Naturschutzgebieten letzte Bestände einheimischer Tierarten, z. B. Wildkatzen, Otter und Fischadler, vor dem Aussterben zu retten.

Bevölkerung und Religion

Die alteingesessene Bevölkerung ist keltischen, angelsächsischen und skandinavischen Ursprungs. Diese Aussage ist ebenso wahr wie sinnentleert in einer Zeit, in der selbst auf den entlegenen Orkney-Inseln ein erheblicher Teil der „Einheimischen" nicht einmal einen schottischen Akzent vorweisen kann, geschweige denn eine Generationen zurückreichende Verbundenheit mit dem Land. Die gibt es zwar noch in einigen Gemeinden, aber insgesamt haben Zuwanderung und Austausch mit den übrigen Teilen Großbritanniens Schottland ebenso kosmopolitisch werden lassen wie andere europäische Regionen auch. Allerdings wird gerade die Auflösung althergebrachter sozialer Strukturen mit dafür verantwortlich gemacht, daß ausgerechnet die Highlands die höchste Selbstmordrate in ganz Großbritannien aufweisen.

Die presbyterianische Staatskirche, die Church of Scotland, gilt allgemein als Verkörperung des schottischen Volkscharakters: Ihr calvinistisches Ethos betont den Gehorsam gegenüber Autoritäten und den Wert von eigener Hände Arbeit, aber auch intellektuelle Eigenständigkeit.

Das Bestehen einer Staatskirche täuscht allerdings darüber hinweg, daß Schottland kein rein protestantisches Land ist. So gibt es alteingesessene katholische Gemeinden in Glasgow und Dundee sowie in den Highlands und auf den Äußeren Hebriden.

Klima und Reisezeit

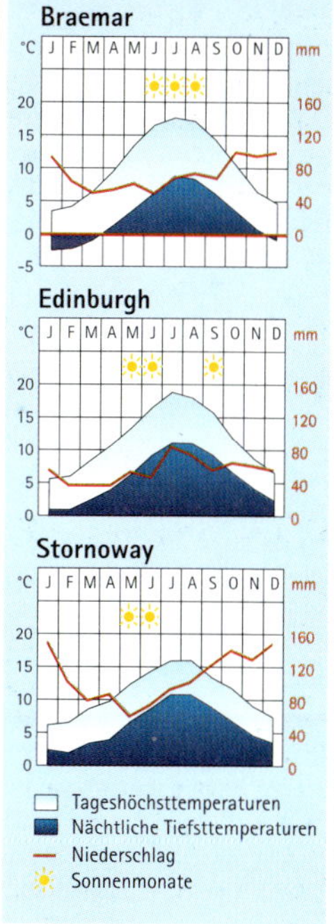

Wirtschaft und Umwelt

Die schottische Wirtschaft ruht auf zwei Stützpfeilern, Tourismus und Nordsee-Öl. Der Tourismus samt dem damit verbundenen Gewerbe (Kunsthandwerk etc.) bietet weitaus mehr Menschen Arbeit als irgendein anderer schottischer Wirtschaftszweig. Das Öl bringt dem Staat riesige Steuereinnahmen und erfolgreichen Unternehmen hohe Gewinne. Beide haben jedoch ihre Probleme: Der Fremdenverkehr bedroht einerseits die Unversehrtheit gerade jener Landschaften, auf deren Reiz er baut, andererseits ist die Arbeit in der Branche oft schlecht bezahlt und unqualifiziert. Die Förderung von Öl (und Gas) vor der Nordseeküste ist krisenanfällig, die Steuereinnahmen fließen vorwiegend nach London, und von den erfolgreichen Unternehmen sind nur wenige in schottischer Hand.

Die einst berühmte schottische Schwerindustrie ist bis auf wenige Reste verschwunden – in den vergangenen fünf Jahren wurden die vorletzte Großwerft, das letzte Stahlwerk und das letzte größere Steinkohlenbergwerk in Schottland geschlossen. Geblieben ist im industriellen Bereich die Aussicht auf Betriebe der Hochtechnologie: In den achtziger Jahren ist zwischen Edinburgh und Glasgow „das neue Silicon Valley“ entstanden, aber auch hier haben die ersten Krisen bereits zu Einbußen geführt. Die neuesten Schlagworte, mit denen ein schottischer Durchbruch auf dem Weltmarkt verkündet wird, sind Biotechnologie und Gentechnik. Solidere Aussichten, wenn auch in bescheidenem Maßstab, bieten exportorientierte Industrie- und Gewerbezweige, von denen einige schon eine lange Tradition in Schottland haben: Lebensmittelverarbeitung (Backwaren, Konfitüren u. ä.), Textilien (Strickwaren, Tweed), Whisky, Fischzucht (insbesondere Lachs).

Der Widerspruch zwischen Umweltschutz und Arbeitsplätzen ist gerade in den ärmsten Teilen Schottlands allgegenwärtig. Da sind beispielsweise die „Supersteinbrüche“, die mitten in der schönsten Landschaft der Westküste (Glensanda nördlich von Oban) und der Hebrideninsel Harris (Lingerbay und Maraig) geplant sind. Über viele Jahre hinweg sollen hier ganze Berge abgetragen werden, um Schotter für den Straßenbau zu gewinnen. Die Planung geht dahin, bis zum Ende des Jahrhunderts sechs Steinbrüche mit einem Jahresumsatz von 360 Millionen Pfund und 1200 Beschäftigten einzurichten, die über die Gesamtdauer ihrer Nutzung etwa achtzehn Milliarden Tonnen Gestein liefern sollen – Landschaft und Naturhaushalt der schottischen Küsten würden damit unwiderruflich verändert. Wie anderswo ist die Bevölkerung auch hier gespalten: Die einen wünschen sich endlich einen regelmäßigen Lebensunterhalt, ohne ihre Heimat verlassen zu müssen, die anderen sehen ihr Auskommen (in Fremdenverkehr, Viehzucht oder Fischerei) gefährdet.

Staat und Politik

Man könnte Schottland als die nördliche „Provinz“ Großbritanniens bezeichnen, würde sich damit aber den Zorn der meisten Schotten zuziehen. Das Wesen der britischen Monarchie und das Fehlen einer ausformulierten Verfassung des Vereinigten Königreichs von Großbritannien und Nordirland haben zu einigen Widersprüchen geführt. So hat Schottland beispielsweise ein eigenes Justizsystem, das sich erheblich vom englischen unterscheidet, doch fehlt jegliche eigene Volksvertretung (in Form eines Regionalparlaments o. ä.), so daß über alle gesetzlichen Regelungen in London entschieden wird. Deren Umsetzung obliegt einem Schottlandminister im Kabinett der britischen Zentralregierung. Diese Verwaltungsform hat die Conservative Party, die in London regiert und eisern am Status quo festhält, den Schotten nicht gerade ans Herz wachsen lassen. Alle anderen relevanten Parteien plädieren für regionale Autonomie: Labour, die bei weitem stärkste Partei in Schottland, und die Liberal Democrats propagieren unterschiedliche föderalistische Modelle im Rahmen des Vereinigten Königreichs (das Vorbild der deutschen Länder wird immer wieder genannt). Die Scottish National Party, eher linksgerichtet und nach eigener Aussage jeglichem „ethnischen Nationalismus" abhold, plädiert hingegen für ein „unabhängiges Schottland im Verbund der EU". Das brachte ihr bei den Europawahlen 1994 etwa 32 % der Stimmen ein.

Pittenweem bei Anstruther

Ein Beispiel für die Widersprüche ist die Privatisierung der schottischen Wasserversorgung, die auf erheblichen Widerstand gestoßen ist – bei einer großangelegten Volksbefragung in Strathclyde sprachen sich sage und schreibe 98 % gegen die Privatisierung aus. Und die erst 1975 eingeführte Regionalverwaltungsreform, die 12 Regionen und ihnen unterstellte Distrikte schuf, ist von London bereits wieder verworfen worden.

Steckbrief: Zahlen und Fakten

Landfläche: 78 772 km² (34 % der Fläche Großbritanniens); Länge Nord-Süd: 440 km; größte Breite Ost-West: 248 km.

Nutzung: 39,7 % Heide und Moor; 38,9 % Acker-, Weide- und Brachland; 12,5 % Nutzwald; 3 % Bebauung; 2,3 % Süßwasser; 1,8 % naturbelassener Wald; 0,5 % Fels; landwirtschaftlich genutzt: 5,8 Mio. Hektar (darunter 4,1 Mio. Hektar Weideland, 520 000 Hektar Getreideanbau).

Seen und Flüsse: Loch Lomond, größter See Großbritanniens (71,1 km² Wasserfläche); Loch Ness, größte Wassermenge (7447 Mio. m³). Die längsten Flüsse sind Tay, Spey und Clyde.

Berge: Ben Nevis (mit 1344 m höchster Berg Großbritanniens); Ben Macdhui (1309 m); Braeriach (1296 m);

Inseln: über 790 (fast 600 vor der Westküste), ca. 130 davon bewohnt. Die größten Inseln gehören zu den Hebriden: Lewis/Harris (1971 km²), Skye (1380 km²) und Mull (907 km²).

Bevölkerung (Stand 1991): 4,99 Mio. (weiblich 2,6 Mio., männlich 2,39 Mio.); die größten Städte sind Glasgow (680 000 Einw.), Edinburgh (420 000 Einw.), Aberdeen (215 000 Einw.) und Dundee (172 000 Einw.). Erwerbstätige: 1,5 Mio. im Dienstleistungsgewerbe, 1 Million in der Industrie, 637 000 im öffentlichen Dienst.

Geschichte im Überblick

Um 6000 v. Chr.: Funde von Muschelschalenhaufen und Steinwerkzeugen aus dieser Zeit verweisen auf die Anwesenheit von Sammlern und Jägern an den Küsten Schottlands.

Ab ca. 4000 v. Chr.: Erste Anzeichen von Seßhaftigkeit (Pfahlbauten). Am Übergang zur Bronzezeit Steinhügelgräber und Steinkreise.

Um 800 v. Chr.: Die erste nachweisbare Einwanderung keltischer Stämme aus Gallien auf die britischen Inseln. Der später von den Römern Pikten (picti = die Bemalten) genannte Stamm besiedelt den hohen Norden.

Ab 82 n. Chr.: Der römische Kaiser Vespasian schickt eine Streitmacht nach Norden, um die Pikten zu unterwerfen; die Legionen des Gnaeus Julius Agricola besiegen ein Piktenheer unter Calgacus, dem Tacitus den Ausspruch über die Römer zuschreibt: „Sie schaffen eine Einöde und nennen es Frieden." Die Pikten ziehen sich ins Hochland zurück und entwickeln eine wirksame Guerillataktik. Alle Versuche zur Befriedung der Region scheitern; statt dessen bauen die Römer Grenzbefestigungen (Hadrianswall).

Ab ca. 200 n. Chr.: Aus Irland wandern die keltischen Skoten ein, die Schottland seinen Namen geben; sie bringen die gälische Sprache und das Clansystem ins Land. Die ersten Missionare, darunter St. Ninian, wagen sich von Süden her ins Land. Doch erst 563, mit der Gründung einer Klostergemeinschaft auf Iona durch den irischen Mönch Columba (auch Columban d. Ä.), beginnt die systematische Christianisierung Schottlands.

Ab ca. 800 n. Chr.: Normannen, Dänen und Waräger fallen in Schottland ein (793 wird das Kloster von Iona angegriffen). Nach der ersten Welle von Raubfahrten der Wikinger beginnen sich skandinavische Wehrbauern im Norden niederzulassen und allmählich zu assimilieren.

843: Der Skotenfürst Kenneth MacAlpin verbündet sich mit den besiegten Pikten gegen die Wikinger und regiert als erster schottischer König.

1165: Als Wilhelm der Löwe den schottischen Thron besteigt, umfaßt sein Reich bereits fast das ganze Gebiet des heutigen Schottland.

Nach 1200: Es beginnt eine lange Periode von Auseinandersetzungen um die Thronfolge. Der englische König Eduard I. versucht die Lage auszunutzen, trifft jedoch auf zwei Gegenspieler, die zu schottischen Nationalhelden werden: William Wallace besiegt Eduard 1297 in der Schlacht von Stirling Bridge, ehe sich die Schotten im folgenden Jahr bei Falkirk erneut geschlagen geben müssen. Robert Bruce läßt sich 1306 zum König von Schottland krönen, muß jedoch vor Eduard fliehen. Nach dessen Tod sichert er sich erneut den Thron und schlägt die Engländer 1314 in der Schlacht von Bannockburn. Erst als Bruces Enkel Robert Stewart 1371 gekrönt wird, kehrt wieder dynastische Stabilität ein – das Königshaus, das sich später Stuart nennt, regiert bis 1689.

1350/1362: Zweimal wütet die Pest in Schottland. Es dauert fast fünfzig Jahre, bis sich das Land wieder von Verödung und wirtschaftlichem Niedergang erholt hat.

Ab 1520: Kaufleute bringen die esten lutherischen Traktate ins Land. Die katholische Kirche gerät zusehends unter Druck, zumal da Heinrich VIII. von England, der sich 1534 von Rom losgesagt hat, mit Gewalt die Heirat seines Sohnes Eduard mit der damals zweijährigen Maria Stuart durchzusetzen versucht („The Rough Wooing").

Der Calvinismus findet einen Sprecher in John Knox, der den Volkszorn gegen den „Papismus" anheizt. Schließlich schafft das *Reformation Parliament* 1560 offiziell die katholische Staatskirche ab.

1561: Maria Stuart besteigt den Thron, muß jedoch schon 1567 zugunsten ihres einjährigen Sohnes Jakob VI. abdanken.

1603: Jakob VI. wird als Jakob I. König von England – die Stuarts regieren nun Schottland und England gut hundert Jahre lang in Personalunion, unterbrochen 1649–1660 durch den englischen Bürgerkrieg und die Herrschaft Oliver Cromwells.

1707: Nachdem einflußreiche Mitglieder des schottischen Parlaments und der Kirche mit Geldgeschenken und Privilegien gefügig gemacht worden sind, wird mit der Ratifizierung der „Articles of Union" die Realunion zwischen England und Schottland vollzogen: Das Vereinigte Königreich von Großbritannien entsteht.

1714–1719: Als dem Hannoveraner Georg I. 1714 der britische Thron zugesprochen wird, versuchen Anhänger des Hauses Stuart den Sohn Jakobs VII./II. als Thronprätendenten durchzusetzen. Der erste Aufstand, vorwiegend von Highland Clans unter Führung des Earl of Mar getragen, scheitert; ein zweiter Versuch 1719 wird schon im Ansatz zunichte gemacht.

1745/46: Der dritte Jakobitenaufstand, diesmal angeführt von „Bonnie Prince Charlie", dem Enkel des letzten Jakob, kann dank der Unterstützung Frankreichs anfangs Erfolge verbuchen. Doch bald stellt sich heraus, daß der Stuart-Prinz in den Lowlands kaum auf Unterstützung hoffen darf. Die entscheidende Schlacht von Cullo-

Ein vorgeschichtlicher Steinkreis bei Loanhead

Keltisches Kreuz auf der Insel Iona

Robert Bruce, schottischer König im 14. Jahrhundert

John Knox (Statue in St. Giles, Edinburgh)

Geschichte im Überblick

den endet in einer vernichtenden Niederlage der Jakobiten.

Ab ca. 1750: Schottland erlebt im Zuge der industriellen Revolution einen ungeheuren Wirtschaftsaufschwung (Dampfmaschinen, Textil-, Eisenindustrie, Schiffbau, Kohleförderung, Überseehandel). Die „schottische Aufklärung" bringt neben großen Künstlern geniale Ingenieure und Philosophen hervor (z. B. Watt, Telford, Hume, Smith); zugleich setzt die romantische Verklärung der Highland-Clans samt Tartan und Dudelsack ein. Die bittere Ironie dieser Entwicklung ist, daß zur selben Zeit in weiten Teilen des Nordwestens Menschen den Schafen weichen müssen (siehe rechts).

Um 1820: Als die zunehmende Rationalisierung der Textilindustrie viele Weber arbeitslos macht, brechen Arbeiteraufstände aus („Radical War"), die brutal niedergeschlagen werden; erst 1877 werden durch die „Factory Acts" Arbeitszeiten und -bedingungen in der Industrie gesetzlich geregelt.

Nach 1945: Die Zentren der Kriegsindustrie in Schottland werden auf Konsumgüter umgestellt. Mit dem Wirtschaftsaufschwung nach dem Krieg tritt in Großbritannien die Frage regionaler Sonderinteressen in den Hintergrund.

Um 1975: Vor der schottischen Ostküste wird die Ausbeutung des Nordsee-Öls in Angriff genommen.

1979: Ein Referendum zur politischen Teilautonomie scheitert, obwohl bei einer Wahlbeteiligung von 63,9% eine Mehrheit der Teilnehmer dafür stimmt – die Regierung hat zuvor durchgesetzt, daß es nur als angenommen gilt, wenn 40% aller Wahlberechtigten zustimmen.

Die Highland Clearances

„Ich erinnere mich, daß man auf dem Weg das Tal hinauf alle halbe oder ganze Meile ein Dorf sah ... Die Leute lebten zufrieden ... Es mangelte ihnen an nichts." So schrieb Angus Mackay, der 1813 aus Strathnaver vertrieben wurde. Wer heute durch dieses Tal fährt, bekommt auf über 30 km kaum ein Haus zu sehen. Überall in Sutherland, Ross, Lochaber sowie auf den Hebriden findet man Reste ganzer Dörfer, zwischen denen Schafe grasen.

Die Räumung weiter Landstriche im Nordwesten zwischen 1780 und 1850 gilt als eines der traurigsten Kapitel in der Geschichte der Highlands. Doch wie konnte es dazu kommen?

Nach dem Scheitern des letzten Jakobitenaufstands 1746 wurden die Ländereien der Clan-Chiefs konfisziert. Als die Regierung sie 1784 zurückerstattete, lebten viele Chiefs in Edinburgh oder London und setzten Verwalter ein, um das größtmögliche Einkommen herauszuholen. Man entschied sich für Viehhaltung, die mit geringen Kosten und hohen Erträgen verbunden war.

1792 wurden erstmals große Schafherden gegen den Widerstand der Einheimischen in die Highlands getrieben. Bald begannen Räumungen im großen Stil. So ließ der Gutsverwalter des Herzogs von Sutherland den Familien, die sich widersetzten, das Dach über dem Kopf anzünden. Der Chief der Macdonells of Glengarry räumte „seine" Halbinsel Knoydart, indem er 520 Personen nach Kanada verschiffen ließ.

Die Tragödien vieler Gemeinden sind zu zahlreich, um sie aufzuzählen. Um 1853/54 war in weiten Teilen der nordwestlichen Highlands fast die ganze Bevölkerung vertrieben worden oder an Seuchen und Unterernährung gestorben. Wer heute durch Wester Ross oder Sutherland fährt und die „letzte Wildnis Europas" bewundert, sollte sich auch vor Augen führen, wie sie vor 150 Jahren ausgesehen haben mag.

Kultur gestern und heute

Am Loch Ewe

Malerei und Plastik

Piktische Kunst ist uns nur in Form von Metallarbeiten und behauenem Stein erhalten. Ihre Verzierungen mit wiederkehrenden Symbolen und Tierbildnissen unterschieden sich anfangs deutlich von den stärker ornamentalen Arbeiten der aus Irland eingewanderten Skoten, ehe die beiden Stile verschmolzen. Der größte Teil der Buchilluminationen und Kirchendekorationen aus dem Mittelalter ging verloren, als im 16. Jahrhundert alle Klöster zerstört wurden – nur wenige Stücke zeugen noch von einer Kunst, die eng mit dem auf dem europäischen Festland jeweils vorherrschenden Stil verbunden war. Das gleiche gilt für die höfische Malerei, für die bis ins 17. Jahrhundert meist Flamen und Niederländer ins Land geholt wurden. Ein eigenständiges schottisches Metier entstand in der zweiten Hälfte des 16. Jahrhunderts, als reich bemalte Zimmerdecken aufkamen (Crathes Castle). Das 18. Jahrhundert wurde mit der Blüte der „schottischen Aufklärung“ zur großen Ära der Porträtmalerei (Allan Ramsay: „Margaret Lindsay“; Henry Raeburn: „Macdonell of Glengarry“; beide in der National Gallery of Scotland [NGS], Edinburgh, deren Besuch einen guten Überblick über die bildende Kunst Schottlands bietet). Landschaftsmaler wie Alexander Runciman und Alexander Nasmyth huldigten vorerst noch dem klassischen Ideal: Griechenland, Rom und stille Lowland-Landschaften waren ihre Sujets. Erst im 19. Jahrhundert setzte die romantische

„Macdonell of Glengarry“ (Henry Raeburn) in der National Gallery of Scotland, Edinburgh

Glasfenster in St. Giles, Edinburgh

Verklärung der Highlands ein – z. B. in dramatischen Genreszenen von David Wilkie („Distraining for Rent", NGS) und bedrohlich wirkenden Landschaften von Horatio McCulloch.

Vorläufer der Moderne war William McTaggert. Er begann als Genremaler, doch seine großzügigen Seestücke vom Ende des 19. Jahrhunderts („The Sailing of the Emigrant Ship", NGS) konzentrieren sich ganz auf den persönlichen Umwelteindruck. Die als Glasgow Boys bekannte Malergruppe (u. a. James Guthrie: „A Hind's Daughter"; W. Y. Macgregor: „The Vegetable Stall"; beide NGS) war stark vom französischen Impressionismus beeinflußt, ebenso wie die als Koloristen bekannten Künstler um S. J. Peploe nach 1900. Unter den heute tätigen schottischen Künstlern sind John Bellany (Porträts) und Ian Hamilton Finlay (Skulpturen) besonders bekannt geworden. Die Künstlerinnen, die sich ironisch Edinburgh Girls nennen (June Redfern, Fionna Carlisle), pflegen einen expressiven, figürlichen Stil. Der 1960 geborene Ken Currie hat sich mit seinen Wandgemälden für den People's Palace (Glasgow) einen Namen gemacht.

Architektur und Design

Wenn ein Gebäude in Schottland errichtet wurde, heißt das noch lange nicht, daß es sich dabei um „schottische Architektur" handelt. In der langen Geschichte schottischer Baukunst stammen die meisten Anregungen wie auch die meisten Baumeister vom europäischen Festland oder aus England. Doch hat Schottland einige Architekten hervorgebracht, deren Wirkung wiederum bis nach England, Europa und darüber hinaus reicht.

Zu Beginn des 14. Jahrhunderts bildete sich im Bau befestigter Anwesen eine spezifisch schottische Variante heraus: das Tower House, ein massiver Wohnturm mit Küche und Stallungen im Erdgeschoß, dem Saal im ersten Stock und darüber angeordneten Privatgemächern (Threave Castle, Dumfries & Galloway; Drum Castle, Grampian). Der Architekt Colin Campbell legte um 1700 in Anlehnung an Andrea Palladio den Grundstein für die Hochblüte des schottischen Klassizismus, dessen herausragende Vertreter Robert und James Adam waren. Charlotte Square in Edinburgh, Hopetoun House und Culzean Castle mit seiner unerhörten Verbindung von klassizistischen Elementen und Burgenromantik sind Beispiele für ihr Wirken, bei dem auch nicht das geringste dekorative Detail der Innenausstattung vernachlässigt wurde.

Im 19. Jahrhundert wurde stolze Schlichtheit weitgehend durch den Prunkstil viktorianischer Architekten abgelöst, die dem merkantilen Selbstbewußtsein ihrer städtischen Auftraggeber mit monumentalen Dimensionen und überladener Dekoration Ausdruck verliehen (City Chambers, Glasgow). Die Gegenbewegung brachte mit dem „Glasgow Style" eine spezifische Ausprägung des Art nouveau hervor: Die Gruppe um Charles Rennie Mackintosh setzte auf klare Formen und geometrische Dekoration – Bauten wie die Glasgow School of Art oder Hill House in Helensburgh gehören mit ihrer verblüffenden Kombination von Tradition und Modernität zu den individuellsten der schottischen Architekturgeschichte. Auch hier wurde ebensoviel Wert auf die Innenausstattung wie auf das Gebäude selbst gelegt.

Literatur

Schottland hat literarische Texte in drei Sprachen hervorgebracht. Während man lange Zeit nur seine englischsprachige Literatur ernst nahm, wird in neuerer Zeit auch wieder mehr Aufmerksamkeit auf Schriften gerichtet, die in Scots und Gälisch abgefaßt sind.

Die Entwicklung einer volkssprachlich aufgezeichneten Literatur beginnt um 1350. Mit John Barbours Reimchronik *The Bruce* entstand bereits 1375 ein großes schottisches Nationalepos im englischen Dialekt der schottischen Lowlands. Um die Wende vom 15. zum 16. Jahrhundert wurden Dichter wie Robert Henryson und William Dunbar wegen ihrer Versallegorien und Satiren gefeiert, und der Kleriker Gavin Douglas schuf mit seiner Fassung von Vergils *Äneis* eine der ersten Übertragungen klassischer Literatur ins Englische.

Drum Castle (13. Jh.), ein Vorläufer der Tower Houses

Um 1725 begann die schottische Literatur mit Pastoralen wie *The Gentle Shepherd* von Allan Ramsay und James Thomsons *The Seasons* („Die Jahreszeiten", von Haydn vertont) ihren Siegeszug durch Europa. 1765 erschienen James Macphersons berühmt-berüchtigte „Übertragungen" der Ossian-Gedichte: Der Schulmeister sammelte gälische Balladen, die er übersetzte, zusammenfaßte und mittels einer gefälschten historischen Zuordnung unter dem Titel *Fingal* als gälisches Originalepos ausgab. Der aufsehenerregende „Fund" wurde in ganz Europa diskutiert (von Samuel Johnson bis Goethe). *Fingal* wurde zu einem Lieblingswerk vieler Romantiker, die auch die Gedichte von Robert Burns und Walter Scott schätzten. Scotts historische Romane *(Waverley, Ivanhoe, Quentin Durward)* gehörten zu den Bestsellern des frühen 19. Jahrhunderts, während Burns' Mundartgedichte ihm den Titel des „schottischen Nationaldichters" eintrugen. Thomas Carlyle, der seine Laufbahn als Übersetzer deutscher Klassiker und Romantiker begonnen hatte, trug um die Mitte des 19. Jahrhunderts mit Geschichtsstudien und Streitschriften wesentlich zum viktorianischen Kulturleben bei.

Schloßhotel in den Trossachs

Die gälische Literatur trat im Zuge der Romantik ins Bewußtsein einer breiteren Öffentlichkeit, als die Werke des Geschichtenerzählers Rob Donn MacAoidh (Robert MacKay) und des Naturlyrikers Donnchadh Ban Macan t-Saoir (Duncan Ban Macintyre) niederge-

Templeton's Carpet Factory, ein Beispiel für Glasgows großartige Industriearchitektur

schrieben, ins Englische übersetzt und veröffentlicht wurden. Als größter der literarisch gebildeten gälischen Dichter gilt Alasdair Mac Mhaigstir Alasdair (Alexander MacDonald; geb. 1695), der die Tradition der altkeltischen Barden fortzusetzen und mit ihren Mitteln zu experimentieren trachtete.

Das 20. Jahrhundert brachte eine neue Blüte schottischer Lyrik, sowohl auf Englisch (Hugh MacDiarmid: *A Drunk Man Looks at the Thistle)* als auch auf Gälisch. Und in Schottland mangelt es nie an Talenten (mehrfach preisgekrönt wurde z.B. der Roman *Schlag auf Schlag* von Jeff Torrington).

Nicht nur der Dudelsack macht die Musik

„Sollte man jemals Auszeichnungen für Verdienste um die schottische Volksmusik vergeben, müßten die Deutschen besonders geehrt werden." Das stand im Februar 1994 in der Sonntagszeitung *Scotland on Sunday* zu lesen. Die Vorliebe der Deutschen für keltische Folklore, so hieß es dort, habe vielen schottischen Gruppen den Lebensunterhalt gesichert, als sie Anfang der achtziger Jahre daheim kaum Auftrittsmöglichkeiten fanden.

Heute gedeiht die traditionelle Musik Schottlands wieder in vielerlei Form, von strengster Traditionspflege bis zur Rockmusik mit gälischen Texten. Die Gemeinsamkeiten ließen sich ganz trocken aufzählen: eine Vorliebe für bestimmte punktierte Rhythmen („Scotch snap"), komplexe Verzierung von Melodielinien, um einen Ganzton versetzte Akkorde („Double tonic") und pentatonische Tonleitern. Aber damit wäre eine faszinierende Musik nur unzureichend beschrieben.

Die frühesten in Schottland nachgewiesenen Instrumente (um 700 v.Chr.) sind Hörner und Trompeten aus Bronze, die wahrscheinlich für Kavalleriesignale benutzt wurden. Auf piktischen Bildsteinen des achten Jahrhunderts n. Chr. sind die ersten höfischen Harfen abgebildet. Sackpfeifen wurden wohl zuerst aus Südeuropa als Militärinstrumente eingeführt, doch an der Wende zum 17. Jahrhundert läßt sich eine hochentwickelte konzertante Spielkultur mit ausgeprägter Hierarchie nachweisen: Neben der „kleinen Musik" (Ceòl beag) der Jigs und Reels und der „mittleren Musik" (Ceòl meadhonach) der Airs und Klagelieder bildete sich eine „große Musik" (Ceòl mór oder Piobaireachd) heraus, deren anspruchsvolle Variationsformen in den Dynastien der Clanpfeifer von Generation zu Generation weitergereicht wurden.

Neben den *Highland pipes* oder *Great pipes*, die über ein Mundrohr angeblasen werden, sind oft die *Lowland* oder *Small pipes* zu hören, die ähnlich den irischen Uilleann pipes mittels eines Blasebalgs bedient werden. Seit frühester Zeit sind außerdem pedallose diatonische Harfen *(Clarsach)* und seit dem 18. Jahrhundert auch Geigen *(Fiddles)* für die schottische Volksmusik kennzeichnend – letztere mit einer besonderen Ausprägung von Repertoire und Spieltechnik auf Shetland.

Bei den allseits bekannten schottischen Folkgruppen (Battlefield Band, Capercaillie, Ceolbeg, Tannahill Weavers, Wolfstone u.v.a.) kommen heutzutage neben Pipes, Fiddle, Flöten und Akkordeon die üblichen Instrumente des Rockrepertoires zum Einsatz. Eher traditionelle Formen pflegen Sängerinnen wie Cilla Fisher und Christine Primrose, die Harfenistin Alison Kinnaird, der Geiger Ali Bain oder der Lowland Piper Hamish Moore – um nur einige wenige der Musiker zu nennen, die alljährlich bei den unzähligen Konzerten und Festivals auftreten, mit denen Schottland gesegnet ist.

Musik

Bei den Worten „schottische Musik" denken die meisten erst einmal an Volksmusik, genauer gesagt an Dudelsackklänge oder an die elektrisch verstärkten Instrumente des Folk Revival. Aber selbst gut informierte Freunde klassischer Musik könnten wohl kaum auf Anhieb einen schottischen Komponisten nennen. Dabei hat Schottland seit den keltischen Barden und römisch-katholisch geschulten Mönchen des Mittelalters eine Tradition großer Musiker, die heute allerdings keiner mehr kennt: Die Messen und Motetten, die uns von dem Kirchenmusiker Robert Carver (geb. um 1485) überliefert sind, werden als Werke von europäischem Rang eingestuft, doch gab es bis vor kurzem keine vollständige Ausgabe von Carvers Opus. Ebensowenig bekannt sind die virtuose Consort-Musik von Tobias Hume (geb. um 1569) oder die Airs von John Abell (geb. um 1652), der einst Frankreich, Deutschland und Italien als gefeierter Sänger bereiste.

Im 18./19. Jahrhundert beherrschte der Einfluß Italiens die schottische Kunstmusik, doch sammelten Komponisten wie James Oswald (geb. 1711) auch Volksweisen und erhielten sie so der Nachwelt; andererseits spielten Instrumentalisten aus der Volksmusiktradition wie der Geiger Niel Gow an Fürstenhöfen und machten dort ihre Tänze bekannt. So fanden diese Weisen ihren Weg nach Kontinentaleuropa und führten schließlich zu der „schottischen" Musik von Haydn, Beethoven, Weber, Mendelssohn Bartholdy u. v. a.

Im 20. Jahrhundert läßt sich der Übergang von der Nachahmung europäischer Konvention zur weltweit anerkannten Moderne verfolgen – vom landschaftlich geprägten Impressionismus John Blackwood McEwens *(Under Northern Skies)* über die „dramatisch-abstrakten" Formen von Thea Musgrave bis hin zu den jüngsten internationalen Erfolgen von Judith Weir und James MacMillan.

Typische Dorfarchitektur

Sir Walter Scott, Schottlands größter Romanautor im frühen 19. Jahrhundert

Die romantische Statue von Robert Burns in Dumfries

Essen und trinken ohne Reue

Die schottische Küche (oder genauer gesagt das schottische Gaststättengewerbe) leidet immer noch unter dem schlechten Ruf des „englischen“ Essens, der pauschal auf die britischen Inseln insgesamt übertragen wird. Doch es ist in Schottland heute leichter als südlich des Hadrianswalls, kompetent zubereitete einheimische Küche in jeder Preisklasse zu finden.

Dazu haben das Scottish Tourist Board und andere am Tourismus interessierte Organisationen nicht unwesentlich beigetragen, als sie das „Taste of Scotland“ genannte Unterfangen ins Leben riefen. Der alljährlich neu erscheinende Führer enthielt 1996 etwa 430 ausgewählte und überprüfte Gastronomiebetriebe mit ausführlichen Angaben zu Lage, Anfahrt, Rollstuhlzugang, Einschränkungen für Raucher, Öffnungszeiten, Spezialitäten (einschließlich vegetarischer Gerichte) und Unterkunftsmöglichkeiten. Besteller aus dem europäischen Ausland zahlen sieben Pfund Sterling an *Taste of Scotland (Guide Sales), 33 Melville Street, Edinburgh EH3 7JF;* ☎ 00 44/131/2 20 19 00, FAX 2 20 61 02.

Natürlich braucht eine gute Küche gute Zutaten, und daran mangelt es in Schottland gewiß nicht: Meer, Flüsse und Lochs liefern Lachs und Forellen (die wild gefangenen Fische sind teurer, aber auch schmackhafter als die Zuchtexemplare), vielerlei anderen Fisch, dazu Muscheln, Krabben und Hummer frisch vom Kutter. Schottland ist berühmt für sein feingemasertes Rind- und Lammfleisch, das aus artgerechter Weidehaltung, nicht aus Massentierhaltung stammt und das man am besten unkompliziert zubereitet bestellt. (In Angus- und Highland-Rinderherden zur Fleischproduktion ist bisher kein einziger BSE-Fall aufgetreten.) Hinzu kommen Rot- und Federwild, z. B. Reh oder Fasan.

Die traditionelle Küche verwendet vorzugsweise Kartoffeln, Kohl, Rüben und Lauch – auch die früher vernachlässigten Wildpilze sind inzwischen reichlich vertreten. Der Obstanbau, besonders von Beeren, hat in den Lowlands eine lange Tradition, und die Früchte werden zu Nachspeisen und Marmelade verarbeitet.

Mit dem Hafer hat es in Schottland seine besondere Bewandtnis. In sein 1775 erschienenes Wörterbuch der englischen Sprache schrieb Samuel Johnson die berühmt gewordene Definition: „Hafer – ein Getreide, das in England gemeinhin den Pferden verfüttert wird, in Schottland dagegen die Menschen ernährt.“ Hafer gedeiht in kälterem Klima als andere Getreide und hat dank seiner längeren Reifung einen hohen Öl- und Proteingehalt, eignet sich also hervorragend als Grundnahrungsmittel in schottischen Breiten.

Hafermehl wird zu ungesüßtem Gebäck *(oatcakes, bannocks)*, Haferbrei *(porridge, brose)* und Klößen *(cloutie dumplings)* verarbeitet, Haferschrot wird im Nationalgericht *Haggis*, das man wirklich probieren sollte, den im Schafsmagen gekochten Lamminnereien beigefügt, Käse werden in grob gemahlenem Hafer gerollt *(Caboc)*.

Etwas für Mutige ist *Atholl brose:* Dünner Haferbrei wird mit Honig und Whisky vermischt. Honig und Whisky kommen auch in *Cranachan* zum Einsatz, einer Süßspeise, die mit Früchten und Sahne gegessen wird. Überhaupt sind die Schotten auf Süßes erpicht: Bis ins 18. Jahrhundert verwendeten sie zum Süßen vorwiegend Honig (und behaupten immer noch, ihr *Heather honey* sei der beste der Welt); heute liegt vor allem ihr Zuckerverbrauch höher als anderswo in Großbritannien.

Weltbekannt ist das köstliche Mürbeteiggebäck *Shortbread,* dessen schlichte Rezeptur jedem schottischen Schulkind als „six, four, two" bekannt ist: sechs Teile Mehl, vier Teile Butter und zwei Teile Zucker.

Beim schottischen Frühstück können die üblichen Eier mit Speck und Grilltomate plus Toast durch Pilze, Würstchen, Räucherfisch, Porridge, Blutwurst, Bratkartoffeln und Nierchen in brauner Soße ergänzt werden.

Dazu gibt es (außer in den allerbesten Hotels oder in manchen Privathaushalten) mit Beuteln aufgegossenen Tee – oder Kaffee, der heutzutage von vielen Einheimischen bevorzugt wird und keineswegs von minderer Qualität sein muß. Aber starker Tee mit Milch und Zucker gilt – in Schottland ebenso wie überall sonst auf den Britischen Inseln – immer noch als *das* Allheilmittel bei jeder Art von Schock.

Die weltweit üblichen Erfrischungsgetränke und einheimische Mineralwasser ergänzen in Pubs die diversen Biersorten. Nach einem warmen, abgestanden schmeckenden Gebräu sucht man heutzutage meist vergeblich – im Gegenteil: Bei den vielen hellen „Lager"-Bieren mit deutsch klingenden Namen wäre nicht selten etwas weniger Kohlensäure und Eiseshauch angebracht. Verläßlich findet man überall das besonders stark gehopfte „Bitter" und das schwarze Stout irischer Herkunft, außerdem bieten manche Pubs traditionell gebraute Ales an.

Der Whisky-Mythos wird vom schottischen Fremdenverkehrsgewerbe mit viel Fleiß gepflegt, und es gibt unzählige Destillen zu besichtigen. Natürlich trinken die wenigsten Schotten im Alltag ständig Whisky, geschweige denn die teuren unverschnittenen Single Malts, die in einer bestimmten Brennerei nur aus gemälzter Gerste erzeugt und mindestens acht Jahre in Eichenfässern gelagert werden. Aber Sorten wie z. B. *Cragganmore* oder *Laphroaig* sind schon ein besonderes Erlebnis.

Der Haggis schmeckt viel besser, als es seine Rezeptur vermuten lassen würde!

Frischer Lachs, eine der größten kulinarischen Köstlichkeiten

Glenfiddich: Whisky-Destillation

Urlaub aktiv

Schottland ist ein Land für Fußgänger (und Radfahrer, die gut in Form sind). Die Tourist Information Centres bieten Karten und Beschreibungen für unzählige Radtouren und Wanderungen an – etwas Schöneres als die kilometerlangen, oft tatsächlich menschenleeren Sandstrände in Wester Ross oder auf den Äußeren Hebriden kann man sich für einen Spaziergang (bei Wind und Wetter im April, am hellen Abend nach einem langen Sonnentag im September) kaum vorstellen.

Apropos Fußgänger: Golf ist in Schottland ein preiswerter Volkssport – außer man besteht darauf, auf einem der berühmten Kurse von St. Andrews, Troon oder Carnoustie zu spielen. Stattdessen sollten Enthusiasten es einmal mit Nairn, Machrihanish oder gar Royal Dornoch versuchen. Im Süden, in den Lowlands und an der Ostküste sind Golfplätze so dicht gesät, daß die Qual der Wahl das einzige ist, was einen vom Spielen abhalten könnte. Die vom Scottish Tourist Board herausgegebene Broschüre *Scotland Activity Holidays* listet allein 285 Orte teils mit mehreren Plätzen auf.

Surfen und Windsurfen werden immer beliebter – kein Wunder bei den atemberaubenden Stränden und der meist guten Anleitung für Anfänger (Informationen: *Scottish Windsurfing Association, c/o RYA Scotland, Caledonia House, South Gyle, Edinburgh,*

Munro Bagging – Bergwandern als Leistungssport

„Du erinnerst dich an deinen ersten Berg in ähnlicher Weise wie an das erste sexuelle Erlebnis – nur daß Wandern keine solche Schweinerei hinterläßt und du nicht eine Woche lang in Tränen aufgelöst bist, wenn Ben Nevis am nächsten Morgen anzurufen vergißt." Das schreibt die schottische Journalistin Muriel Gray, die in Fernsehsendungen, Büchern und Zeitungsartikeln unermüdlich für die Bergwelt ihrer Heimat wirbt – sie behauptet, man müsse nicht unbedingt mit einem Bart gesegnet sein, um als richtiger Bergsteiger zu gelten.

Ihr freundlicher Spott gilt dem zwanghaften „Munro Bagger". Damit sind diejenigen gemeint, die nichts weiter im Sinn haben, als alle 277 schottischen Berge über 3000 Fuß (914 m) zu besteigen und dann abzuhaken. Diese Erhebungen sind nach Sir Hugh Munro benannt, der sie Ende des 19. Jahrhunderts erstmals in seinen vielbändigen „Munro Tables" katalogisiert hat. Der erste Bezwinger sämtlicher Munros war Hochwürden Archibald Eneas Robertson, der offenbar nichts Besseres zu tun hatte, und in den ersten siebzig Jahren unseres Jahrhunderts taten es ihm nur hundert andere nach. Neuerdings ist es aber für Rekordjäger zur „Pflicht" geworden, sich daran zu versuchen (der Langstreckenläufer Mark Elsegood schaffte alle 277 in 66 Tagen!).

Obwohl diese Berge nach alpinen Maßstäben nicht hoch sind (Ben Nevis ist mit 1344 m der höchste), bieten sie dem Bergwanderer doch erhebliche Herausforderungen – einige müssen buchstäblich von Meereshöhe erklommen werden. Die raschen Wetterumschwünge der Highlands können zur Gefahr werden – in den letzten Jahren sind in den Cuillins auf der Insel Skye mehrmals Bergsteiger ums Leben gekommen, die nicht als leichtsinnig oder unerfahren galten. Aber der Lohn für das Ersteigen von Bergen wie An Teallach oder Sgurr Alasdair ist eben nicht nur die atemberaubende Aussicht.

EH12 9DQ; ☏ 00 44/131/3 17 73 88). Der Tip für wahre Könner: die nicht ganz leicht zu erreichende Hebrideninsel Tiree westlich von Mull mit den meisten Sonnenstunden in Schottland und extremen Windverhältnissen.

Wanderer im Glen Coe

Die Vermarktung des Skifahrens in wildromantischer Landschaft hat Schottland zu einer touristischen Wintersaison verholfen. Fünf Zentren mit je 15–30 markierten Pisten machen die zentralen Highlands zum britischen Wintersportzentrum. Glen Coe bietet interessante Abfahrten und wunderbare Aussicht, Glenshee und Cairngorm sind die größten und am besten ausgebauten Gebiete. Gewisse Nachteile muß in Kauf nehmen, wer in Schottland Ski laufen will: Rasche Wetterwechsel vom Atlantik führen zu unsicheren Schneeverhältnissen, die zu allem Überfluß nur schwer vorherzusagen sind. Zu erheblicher Beunruhigung hat auch die zunehmende Verwüstung der Landschaft Anlaß gegeben: Die Pistenhänge von Cairngorm weisen z. B. grauenhafte Erosionsschäden auf, die im Sommer nicht zu übersehen sind.

Golf für alle in St. Andrews

Auf besonders erfreuliche Weise kann man sich die Landschaft auch von der See her ansehen! Bootsausflüge in die grandiose Inselwelt der Westküste sind stets zu empfehlen, wer selbst das Ruder übernehmen möchte, sollte Informationen über Bootsmiete, Segelkurse, gesetzliche Bestimmungen usw. einholen bei der *Royal Yachting Association Scotland, Caledonia House, South Gyle, Edinburgh, EH12 9DQ;* ☏ 00 44/131/3 17 73 88, FAX 3 17 85 66.

Für Lernwillige mit guten Englischkenntnissen, die sich geistig betätigen möchten, gibt es Gälischkurse und Unterweisung in vielen traditionellen Kunstfertigkeiten in der *Sabhal Mor Ostaig Gaelic School, An Teanga, Isle of Skye* (☏ 00 44/14 71/84 43 73).

Segelsportler bei Thurso

Reisewege und Verkehrsmittel

Anreise: Schottland ist vom europäischen Festland aus nicht ganz leicht zu erreichen. Die meisten Urlauber reisen mit dem eigenen Auto an und benutzen die Fähren nach England. Die kürzesten und billigsten Fährverbindungen (von Calais bzw. Ostende nach Dover bzw. Folkestone) bedingen allerdings die längste und unangenehmste Autofahrt – 965 km sind es z. B. von Dover nach Inverness. Seit die Verbindung durch den Channel Tunnel endlich in vollem Umfang in Betrieb genommen worden ist, sind Autoreisezüge bis nach Edinburgh und Glasgow im Gespräch. Aber bislang gilt für Autofahrer bei Benutzung des Tunnels das gleiche wie für die Fähre nach Dover – für Bahnreisende dürfte der Tunnel allerdings erhebliche Erleichterungen bringen.

Eine annehmbare Lösung ist die Nachtfähre von Rotterdam nach Hull: Wer morgens ankommt, kann nachmittags in den Highlands sein – das gilt für Auto- wie für Bahnreisende. Noch näher an Schottland heran bringt einen die allerdings kostspielige und recht selten verkehrende Fährverbindung von Hamburg nach Newcastle – von dort sind es nur noch 167 km nach Edinburgh.

Wer es sich leisten kann, sollte ernsthaft erwägen, nach Glasgow oder Edinburgh zu fliegen und sich dort des Verkehrsmittels seiner Wahl zu bedienen. Mietwagen sind in Großbritannien nicht billig, aber bei den üblichen Firmen an den Flughäfen zu haben (Mindestalter 21 Jahre, Vorlage des Führerscheins und vorzugsweise einer Kreditkarte). Über Fahrräder zur Miete informiert der zentrale Informationsdienst des Scottish Tourist Board unter ☏ 00 44/131/3 32 24 33 ebenso wie über Bahnverbindungen innerhalb Schottlands sowie Fähren und Flüge zu den Inseln usw.

Die preisgünstigste Art, fahrplanmäßig nach Schottland zu kommen, sind Fernbusse – entweder mit einem Reiseveranstalter direkt aus Kontinentaleuropa oder innerhalb Großbritanniens mit den Linienbussen von Scottish Citylink bzw. National Express (beispielsweise drei- bis fünfmal tgl. ab London nach Edinburgh bzw. Glasgow; Fahrzeit 8–9 Stunden).

Reisen im Land: Das Wichtigste, das man sich als Reisender in Großbritannien merken muß, ist: Es wird LINKS gefahren. Nicht nur Motorisierte müssen sich das einprägen: Schon mancher Fußgänger hat sich einen Schrecken – oder Schlimmeres – eingehandelt, weil er vor dem Überqueren der Straße in die falsche Richtung Ausschau gehalten hat.

Höchstgeschwindigkeiten sind: 30 Meilen (48 km/h) in geschlossenen Ortschaften, 60 Meilen (96 km/h) auf Landstraßen und 70 Meilen (113 km/h) auf Autobahnen bzw. mehrspurigen Straßen mit getrennten Richtungsfahrbahnen.

Ansonsten gibt es für Verkehrsteilnehmer nicht viel Besonderes zu beachten. Der Kreisverkehr hat Vorfahrt (und es gibt jede Menge Kreuzungen mit Kreisverkehr). Die vielen einspurigen Straßen mit Ausweichstellen, insbesondere in den Highlands, sind bei einiger Vorsicht eine wahre Freude (Einheimische überholen lassen!). Freilaufende Schafe haben die Tendenz, gerade dann die Straße überqueren zu wollen, wenn endlich mal wieder ein einzelnes Auto vorbeikommt, und gelegentlich hält auch ein Schaf mitten auf der Straße seinen Mittagsschlaf. Aber das war's eigentlich schon – in Schottland kommen im Verhältnis zur Einwohnerzahl nur halb so viele Menschen auf den Straßen um wie in Deutschland, und die Todesbilanz sinkt stetig.

Das Land hat einige spektakuläre Eisenbahnstrecken zu bieten (z.B. die West Highland Line von Glasgow über Fort William nach Mallaig), aber wer in den hohen Norden möchte, hat keine Wahl: Die einzige Strecke führt von Inverness nach Wick bzw. Thurso. Allgemein reist es sich in Schottland per Eisenbahn recht angenehm. Die Busverbindungen in ländlichen Gebieten sind leider „ausgedünnt" worden – manche Ortschaft ist nur noch einmal am Tag per Bus zu erreichen, an Sonn- und Feiertagen überhaupt nicht.

Verkehrsteilnehmer in den Highlands

Fahrradfahrer haben es in Schottland wegen der Steigungen nicht immer leicht, aber oft schön. Abseits der Hauptverkehrsadern bieten sich schmale Fahrwege mit erstaunlich gutem Straßenbelag zur Erkundung an. Abgesehen von dem gelegentlichen Einheimischen in Eile und den Milchtank-Lkws ist man auf diesen Straßen häufig allein.

Fähre im Hafen von Glasgow

Allerdings muß eine Warnung ausgesprochen werden, die nicht nur für Radfahrer gilt: Wenn man sich gerade an die Ruhe zu gewöhnen beginnt, an den Ruf der Kiebitze, den Gesang der Lerchen und den gelegentlichen Dialog zwischen Lamm und Mutterschaf auf der Weide nebenan, können ohne Vorwarnung zwei Düsenjäger über die nächstgelegene Kuppe donnern und mit ohrenbetäubendem Lärm dicht über einen hinwegbrausen. Die Southern Uplands, die Highlands und die gesamte schottische Küste sind für Tiefflugübungen freigegeben, und die Bevölkerung weiter Landstriche beschwert sich regelmäßig darüber, daß die ohnehin unzureichenden Sicherheits- und Flughöhenbestimmungen der Royal Air Force von deren tolldreisten Piloten ignoriert werden. Die Schrecksekunde, die mit ihrem Auftauchen verbunden ist, gehört zu den unangenehmsten Erlebnissen eines Schottlandurlaubs.

Waverley Station, Edinburgh

Unterkunft

Schottland ist auf Individualreisende eingerichtet, mit Herbergen vom sündhaft teuren Schloßhotel bis zum bescheidenen Bed & Breakfast, vom wunderschön gelegenen Campingplatz bis zur Jugendherberge. Auch Ferienhäuser und -wohnungen sind eine beliebte Unterkunftsvariante für all jene, die sich vor Urlaubsantritt bereits für einen bestimmten Ort entschieden haben.

Außerhalb der sommerlichen Hochsaison ist es jedoch ohne weiteres möglich, sich auf ein „Abenteuer" einzulassen und Schottland aufs Geratewohl zu erkunden. In diesem Zusammenhang kann nicht oft genug betont werden, wie hilfreich dabei die *Tourist Information Centres* (TICs) sind. Es gibt in Schottland über 170 solche Büros, vom Einpersonenbetrieb im Wohnwagen auf dem Marktplatz eines entlegenen Dorfes bis hin zum Scotland Information Centre in Edinburgh (3 Princes Street, Edinburgh EH2 2QP, ☎ 0 1 31/ 5 57 17 00, FAX 5 57 51 18), wo fast jede Auskunft über das Reisen im Land zu haben ist. Gemeinsam ist ihnen allen das Bemühen, Touristen das Leben leicht zu machen. Besonders wichtig ist ihre Hilfe bei der Suche nach Bed & Breakfast – manche abgeschiedenen Privatunterkünfte, die in keinem Führer verzeichnet sind, kann einem nur das örtliche TIC empfehlen.

Das Bed & Breakfast, kurz B&B genannt, ist eine großartige Gelegenheit, Einheimische kennenzulernen. Die Unterkünfte reichen vom ehemaligen Kinderzimmer mit entsprechendem Familienanschluß bis hin zu dem, was wir als Familienpension bezeichnen würden. Angeboten werden offiziell, wie der Name schon sagt, nur Bett und Frühstück, aber eine Einladung zum Nachmittagstee mit selbstgebackenem Kuchen ist ebenso möglich wie die Frage, ob man eine (bezahlte) Abendmahlzeit gekocht haben möchte – lediglich der Ausschank von Alkohol gegen Bezahlung ist B&B-Wirten verboten.

Weitere preisgünstige Übernachtungsmöglichkeiten – nicht nur für Studenten – bieten die Universitäten von Edinburgh, Glasgow, Dundee, St. Andrews, Stirling und Strathclyde; Auskunft erteilt das BUAC (British Universities Accomodation Consortium Limited), Box H 846, University Park, Nottingham NG7 2RD, FAX 01 15/9 42 25 05.

Schottland ist gut mit Campingplätzen versorgt, besonders an den Küsten im Süden und natürlich in allen touristischen Zentren. Einige in spektakulärer Lage sind in den Reisekapiteln erwähnt – allerdings hat das Zelten in Schottland zwei problematische Seiten: das Wetter und die Mücken. Regen und kalte Nächte mögen für engagierte Camper zum „Berufsrisiko" gehören, aber Schwärme winziger Stechmücken *(midges)* können einem gerade die schönsten Plätze am Wasser verleiden. Mit dem Wohnwagen wiederum werden enge und steile Straßen zum Problem, insbesondere, wenn es zur letzten Ausweichstelle zurückzusetzen gilt.

Alle üblichen Hotelkategorien sind natürlich im Land vertreten – besonders reich gesegnet ist es jedoch mit Beherbergungsbetrieben in Schlössern und Landhäusern. Luxus hat seinen Preis, aber dafür wird auch einiges geboten, und nicht jedes „Country House Hotel" ist unerschwinglich. Es lohnt sich immer, beim örtlichen TIC oder am Empfang nachzufragen – selbst die pompösesten Hotels bieten außerhalb der Hauptsaison und/oder bei längerem Aufenthalt erhebliche Nachlässe an.

Ein Gesamtverzeichnis der TICs sowie Broschüren zu allen Unterkunftsmöglichkeiten erhält man beim Scottish Tourist Board (☎ 0 1 31/3 32 24 33). Daneben gibt die Scottish Youth Hostel Association (7 Glebe Crescent, Stirling FK8 2JA, ☎ 0 17 86/45 11 81) eine Liste ihrer ca. 90 Jugendherbergen heraus.

*** Edinburgh

Mons Meg (15. Jh.) im Edinburgh Castle

Edinburgh ist nach London die meistbesuchte Stadt Großbritanniens. Sein Schloß ist die meistbesuchte britische Touristenattraktion außerhalb Londons. Fällt Ihnen etwas auf? „Nach London", „außerhalb Londons" – ja, Edinburgh ist die Gegenmetropole, die politische wie kulturelle Antithese zum schier erdrückenden Übergewicht Londons im öffentlichen Leben Großbritanniens. Und hier hat man sich auf mehr Gäste eingerichtet, als sich die meisten Leute in einer Stadt dieser Größe vorstellen können: Während der Festspiele im August gibt es manchmal auf den Straßen der Innenstadt kein Durchkommen, ist kein Bett zu haben, das nicht auf Monate oder gar Jahre im voraus gebucht worden wäre. Und doch ist Edinburgh alles andere als ein unüberschaubarer Moloch. Eine der schönsten und architektonisch geschlossensten Städte Europas lädt dazu ein, in Ruhe ihre freundliche Atmosphäre und ihre Sehenswürdigkeiten zu genießen. Die Stadtplaner des 18. Jahrhunderts sorgten für eine übersichtliche Aufteilung in vorwiegend klassizistische „Neustadt" und verwinkelte Altstadt. Das alles überragende Schloß auf dem schroffen Felsen verleiht der Stadt eine unverwechselbare Silhouette und einen natürlichen Orientierungspunkt.

Die Old Town von Edinburgh

Holyroodhouse

Detail an der Canongate Church, Edinburgh

Geschichte

Dieser Felsen, der Castle Rock, war nachweislich seit der Bronzezeit besiedelt. Als der Ort 638 n. Chr. an die Angeln gefallen war, ließ deren König Edwin dort seine Burg errichten. Eine der vielen Theorien um die Entstehung des Namens Edinburgh führt ihn auf „Edwin's Burgh" zurück.

Nachdem der Schottenkönig David I. seine Hauptstadt von Dunfermline hierher verlegt hatte, bestimmte die Gründung der Abtei von Holyrood 1128 das Wachstum des Ortes entlang der Achse zwischen Burg und Kloster, heute als „Royal Mile" bekannt. Eine Hochblüte erlebte Edinburgh in der zweiten Hälfte des 15. Jahrhunderts: Die erste Stadtmauer von 1450 mußte bereits 1513 durch eine erweiterte ersetzt werden. Ab 1561 war Edinburgh der Regierungssitz Maria Stuarts und ihrer Nachfolger, doch als ihr Sohn Jakob VI. von Schottland 1603 in Personalunion englischer König wurde, verlegte er seine Residenz und damit das Zentrum der Macht nach London.

In der zweiten Hälfte des 18. Jahrhunderts wurde Edinburghs erneuter Aufschwung mit fieberhafter Bautätigkeit eingeleitet. Der Architekt James Craig erhielt 1767 den Auftrag, zur Entlastung der Altstadt nördlich des Schlosses die New Town anzulegen – eine großzügig angelegte und bis heute vorzüglich erhaltene und gepflegte Neustadt („neu" im Gegensatz zur Old Town um Schloß und Royal Mile). Als König Georg IV. 1822 als erster britischer Monarch seit über hundert Jahren Edinburgh einen feierlichen Besuch abstattete, bestätigte er damit vor aller Welt die Bedeutung der Stadt als geschichtsträchtiges Zentrum der „schottischen Aufklärung", Wirkungsstätte der intellektuellen Elite und Sitz von Justiz und Verwaltung.

Stadtrundgang

Edinburgh Castle ❶ bietet schon deshalb einen guten Ausgangspunkt für einen Gang durch die Stadt, weil man sich von hier aus einen großartigen Überblick verschaffen kann. Die eindrucksvolle Anlage hat aber auch selbst einiges zu bieten. In ihren Mauern befindet sich das älteste erhaltene Bauwerk der Stadt, die zwischen 1070 und 1090 erbaute Kapelle *St. Margaret's Chapel,* außerdem kann man Maria Stuarts Gemächer und andere Gebäudeteile besichtigen. Im *Crown Room* sind die schottischen Throninsignien ausgestellt: Zepter, Krone und Staatsschwert aus dem 15./16. Jahrhundert symbolisieren die Eigenständigkeit Schottlands, weshalb im „Act of Union" von 1707, der die Realunion mit England besiegelte, eigens eine Klausel eingefügt wurde, die besagt, daß die Insignien niemals aus dem Schloß entfernt werden dürfen.

Der Innenhof ist von Gebäuden unterschiedlichsten Stils umgeben. Man stellt fest, daß hier in allen möglichen Epochen angebaut, abgerissen und verändert wurde – derzeit ist ein Umbauprojekt im Gange, das bis 1997 fortgeführt werden soll. In einem Nebengebäude wird in einer Tonbildschau die Geschichte der gewaltigen mittelalterlichen Kanone Mons Meg dargestellt. Auf dem Vorhof, der *Castle Esplanade,* findet jeden Sommer das „Edinburgh Military Tattoo" statt, der Aufmarsch der schottischen Regimenter unter Dudelsackklängen. Und außerdem wird im Schloß mit dem *Scottish National War Memorial* und dem *United Services Museum* der britischen Militärgeschichte gehuldigt.

Wenige Schritte vom Schloßeingang entfernt befindet sich das *Scotch Whisky Heritage Centre,* in dem man in einer Art ausgehöhltem Whiskyfaß eine Rundfahrt durch die Geschichte des schottischen Nationalgetränks unternehmen kann. Die Tableaus sind z. T. recht eindrucksvoll, aber das Ganze wirkt stark auf Familienausflüge ausgerichtet – ob man Kinder möglichst früh mit der Romantik hochprozentiger Spirituosen vertraut machen sollte?

Von unten sieht man nur einen Teil von Edinburgh Castle

Vom Aufgang zum Schloß hat man einen sehr guten Überblick über die ***Royal Mile** (bestehend aus den Straßen Castlehill, Lawnmarket, High Street und Canongate). Der Weg von hier bis Holyroodhouse – in gerader Linie ziemlich genau eine Meile (1,6 km) – ist manchem allerdings schon länger vorgekommen: Es gibt so viel Interessantes zu besichtigen, daß nicht jeder bis zum Ende durchhält.

Castlehill ❷ ist voller außergewöhnlicher Bauten. Unterhalb des Whisky Centre sieht man *Cannonball House* – im Westgiebel ist eine Kanonenkugel eingebettet, die bei einer der vielen Belagerungen vom Schloß her abgefeuert worden sein soll. An der Einmündung von Ramsay Lane steht *Ramsay Garden*, ein Wohnhaus von 1894, mit dem der Exzentriker Patrick Geddes die Erneuerung der Old Town einleitete – Ende des 19. Jahrhunderts war das Viertel völlig heruntergekommen gewesen. Gegenüber an der Ecke erhebt sich der *Outlook Tower* mit der Camera Obscura auf dem Dach. Das Gebäude stammt aus dem 17. Jahrhundert, die erste Camera Obscura wurde 1853 installiert. Ein verbessertes Instrument ist noch in staunenswerter Aktion zu erleben – nur mit seiner Hilfe kann man z. B. die siebzig Meter hoch an der *Tolbooth Church* angebrachten neugotischen Steinmetzarbeiten „in Großaufnahme" bewundern.

Am Übergang zu **Lawnmarket** ❸ trifft man auf die ersten der kleinen Nebenstraßen, umbauten Höfe und Sackgassen, die für die Altstadt typisch sind: *Milne's Court* und *James Court*. Als die gegenwärtige Bebauung um 1700 entstand, gehörten die Wohnungen darin zu den gefragtesten in Edinburgh. Ein Gebäude zwischen James Court und Lawnmarket ist allerdings hundert Jahre älter: *Gladstone's Land* (das Wort „Land" steht in der Scots-Mundart für Mehrfamilienhaus) ist heute wieder als gediegenes Stadthaus des 17. Jahrhunderts eingerichtet und der Öffentlichkeit zugänglich. Nebenan in Lady Stair's Close findet sich in Lady Stair's House aus der gleichen Zeit das *Writers' Museum*, das mit Andenken an Robert Burns, Walter Scott und Robert Louis Stevenson vollgestopft ist. Apropos: *Brodie's Close* gegenüber ist nach dem 1788 gehenkten Deacon Brodie benannt, tagsüber ein hochgeachteter Ratsherr, der des Nachts als Dieb durch die Gassen schlich – er soll das Vorbild für Stevensons Erzählung „Dr. Jekyll und Mr. Hyde" gewesen sein.

Von Lawnmarket her sieht man die eindrucksvolle **High Kirk of St. Giles* (mit kronenförmigem Turmaufsatz) in die **High Street** ❹ hineinragen. Das Äußere der Kirche stammt – mit Ausnahme des Turms – aus dem 19. Jahrhundert, und erst im Inneren kann man ermessen, wie alt das Bauwerk ist, dessen früheste Teile aus dem 14. Jahrhundert bereits auf den Fundamenten einer um 1120 entstandenen normannischen Kirche errichtet wurden. St. Giles steht auf dem einzigen Stück ebener Erde zwischen dem Schloß und Holyroodhouse: Parliament Square. *Parliament House* an der Südseite des Platzes beherbergt sehenswerte Interieurs, insbesondere die Great Hall.

Jenseits der großen Kreuzung mit der Hauptverkehrsstraße North/South Bridge thront das Scandic Crown Hotel – es handelt sich um einen modernen Betonbau, dessen Fassade man den umliegenden Häusern anzupassen versucht hat. Schräg gegenüber in Chalmer's Close findet man die *Trinity College Church*. Das Baumaterial der Kirche ist so alt, wie das Hotel gerne sein möchte, und doch ist sie ebensowenig „echt": Das Gebäude aus dem 15. Jahrhundert stand ursprünglich unten im Tal. 1848 mußte es Gleisanlagen weichen, und fünfundzwanzig Jahre später begann man am gegenwärtigen Standort mit dem (unvollständigen) Wiederaufbau. Ganz in der Nähe steht ein Haus aus dem 16. Jahrhundert, das wie eine Filmkulisse wirkt – fast zu pittoresk, um wahr zu sein –, das jedoch die Zeit fast unverändert überstanden hat. *John Knox's House* ist heute ein Museum zum Andenken an den Reformator und Prediger, der dort gewohnt haben soll (sicher weiß man nur, daß es einst einem Mann mit dem keineswegs seltenen Namen Knox gehört hat). Durch eine der Gassen gegenüber (Hyndford Close oder Fountain Close) gelangt man zum *Museum of Childhood,* angefüllt mit unzähligen Puppen und anderem Spielzeug – man kann sich des Eindrucks nicht erwehren, daß sich Kinder dort schneller langweilen als Erwachsene.

Die High Kirk of St. Giles

An der nächsten Kreuzung beginnt **Canongate ❺**. Zwei Museen sind hier erwähnenswert: Im ehemaligen Hofgefängnis *Canongate Tolbooth* rekonstruiert das „People's Story Museum" mit originalgetreuen Innenräumen, Photographien und Alltagsobjekten die Sozialgeschichte Edinburghs aus der Sicht der Bevölkerung. Gegenüber im *Huntly House* wird die Stadtgeschichte anhand von prähistorischen und keltischen Funden, Kunsthandwerk und Porträts dargestellt.

An der Royal Mile

Ein Durchgang bei Huntly House führt in einen der besterhaltenen Innenhöfe der Stadt, *Bakehouse Close*. Überhaupt lohnt sich der Blick in einige Closes am Canongate: *Lochend Close* beherbergt z. B. Panmure House, in dem der Nationalökonom Adam Smith bis zu seinem Tod 1790 wohnte.

Die „History of the Church of Scotland" in John Knox's House

Am unteren Ende von Canongate erhebt sich ****Holyroodhouse ❻**, die offizielle Residenz der britischen Königin in Schottland. Der Palast begann seine Existenz als Gästehaus der Abtei. In seiner heutigen Form entstand das Gebäude nach 1671. Zu besichtigen sind die *State Apartments*, die Gemäldegalerie und die *Historic Apartments* der Maria Stuart.

Ein Pub-Schild im James Court

Einen großartigen Ausblick über die *New Town* bietet ***Calton Hill ❼**. Oben auf dem Hügel steht eine seltsame Ansammlung von Bauwerken: Das *Nelson Monument*, das man gegen ein geringes Entgelt erklimmen kann, um ein noch weiteres Panorama zu genießen, die Gebäude des ehemaligen Königlichen Observatoriums *(City Observatory)*, leider nur nach vorheriger Anmeldung zugänglich, und das nie vollendete *National Monument* – als Denkmal zu Ehren Gefallener gedacht, sollte es sein Vorbild, den Parthenon von Athen, mit der Zeit als weltberühmte Sehenswürdigkeit in den Schatten stellen. Das Original würden „die Zeitläufte und Barbarei nur allzu bald zerstören", meinte man 1825, doch 1829 gingen den hochmütigen Bauherren die Gelder aus.

Von Calton Hill kommend läßt man Waterloo Place und den Hauptbahnhof *(Waverley Station)* hinter sich, um die **Princes Street** ❽ zu erreichen. Zur Rechten mögen die Geschäftsfassaden den Eindruck der georgianischen Architektur verwischen, aber die Parkanlage links mit dem Scott Monument und dem steil aufragenden Schloßfelsen dahinter ist höchst eindrucksvoll. Als James Craig die Neustadt plante, sorgte er für drei Längsachsen (mit George Street in der Mitte) und ließ die jeweiligen Außenseiten (nördlich der Queen Street und südlich der Princes Street) absichtlich unbebaut.

An der Ecke zur Straße The Mound tut sich ein großzügiger Platz auf. Neben der *Royal Scottish Academy* für Malerei, Bildhauerei und Architektur steht die ***National Gallery of Scotland* ❾. Das Gebäude stammt aus der Mitte des 19. Jahrhunderts, mit Anbauten und Erweiterungen aus den letzten zwanzig Jahren. Die Gemäldesammlung gehört zu den bedeutendsten in Europa – neben Bildern weltberühmter Künstler von Raffael bis Rembrandt hängen hier wichtige Werke schottischer Maler (siehe Kapitel *Kunst und Kultur*).

Parallel zur Princes Street verläuft die George Street, an deren Westende der **Charlotte Square** ❿ liegt. Dieser 1791 von Robert Adam entworfene Platz ist der Inbegriff schottischer Architektur des Klassizismus. Die Nr. 7, das *Georgian House*, ist stilgerecht eingerichtet zu besichtigen. Wer nördlich von Charlotte Square die Queen Street überquert, an deren Ende sich das ***Museum of Antiquities* ⓫ mit früh- und kunstgeschichtlichen Sammlungen sowie im gleichen Haus die **Scottish National Portrait Gallery* befinden, trifft nun auf die Erweiterungen der New Town aus dem 19. Jahrhundert mit eleganten Plätzen und Wohnhäusern. Hervorzuheben sind besonders Moray Place und Royal Circus, deren Anlage und individuelle Bebauung vom Selbstbewußtsein des städtischen Bürgertums zeugen.

In der Chambers Street südlich der Royal Mile findet man das mit dem **Royal Museum of Scotland* ⓬, mit Abteilungen für Kunsthandwerk, Natur- und Wissenschaftsgeschichte in einem schönen viktorianischen Bau.

Beim Thema Kunst nicht vergessen darf man auch die ***Scottish National Gallery of Modern Art*, Belford Road, mit bedeutenden Werken des 20. Jahrhunderts, darunter Picasso, Matisse und Vuillard, deutsche Expressionisten und schottische Koloristen.

Die Erkundung Edinburghs läßt sich zu einem gebührenden (und geruhsamen) Abschluß bringen, wenn man jenseits des *Water of Leith*, des bedeutendsten Wasserlaufs der Stadt (schöner Uferpfad), die **Royal Botanic Gardens** ⓭ erreicht. Sie stehen nicht nur in dem Ruf, eine der bedeutendsten botanischen Sammlungen der Welt zu beherbergen, sondern sind auch eine Zuflucht für Erholungsuchende – das Betreten des Rasens ist erlaubt. Neben dem berühmten viktorianischen Palmenhaus befindet sich ein weiteres sehenswertes Gebäude im Park: *Inverleith House* ist ein georgianisches Landhaus von 1774, das heute für Ausstellungen genutzt wird. Die Botanic Gardens Cafeteria beim

Haus bietet anständige Kost und wunderbare Ausblicke von den Tischen im Freien.

Ausflüge

Leith, Edinburghs Hafen im Nordosten der Stadt, hat eine ganz eigene malerische Atmosphäre. Nachdem der Ort und insbesondere das Hafenviertel mit dem Rückgang der Handelsschiffahrt lange unter hoher Arbeitslosigkeit und Vernachlässigung litten, ist die Gegend in den letzten Jahren in Mode gekommen. Die *Shore* genannte Straße am Ufer des Water of Leith, dort, wo es in den Hafen abfließt, bietet einladende Restaurants und Pubs. Sehenswert ist auf der anderen Seite des Flusses das klassizistische *Customs House* aus dem frühen 19. Jahrhundert.

Der *Edinburgh Zoo* (Corstorphine Road/A 8 westlich der Stadtmitte; 🕓 Mo–Sa ab 9 Uhr, So ab 9.30 Uhr) gilt als besonders gelungene Anlage (mit berühmtem Pinguinbecken). Er ist nach wie vor wegen seiner Kinderfreundlichkeit sehr beliebt, auch wenn die Tierhaltung in Zoos in jüngster Zeit oft problematisiert worden ist. – Sicherlich nicht problematisch ist die Tierhaltung in der sehenswerten * *Butterfly and Insect World* an der A 7 südlich der Stadt (Busverbindung), die Hunderte der ungewöhnlichsten und farbenprächtigsten lebendigen Schmetterlinge aus der ganzen Welt in ihrer natürlichen Umgebung zeigt (🕓 1. März–8. Januar: Sommer 10–17.30, Winter 10–16.30 Uhr).

Praktische Hinweise

ℹ Tourist Information Centre (TIC), 3 Princes Street, Edinburgh EH2 2QP (direkt am Hauptbahnhof), ☎ 0 1 31/ 5 57 17 00, FAX 5 57 51 18 – Unterkunftsnachweis, Karten, Stadtführer (auch auf deutsch), Veranstaltungshinweise, Ausflüge etc.; aller Erfahrung nach freundlicher Service, meist auch mit Deutschkenntnissen.

Das Scott Monument an der Princes Street

Der stimmungsvolle Hafen von Leith

Architektur in Leith: Andrew Lamb's House

(H) **The Caledonian,** Princes Street, EH1 2AB, ☎ 0 1 31/2 25 24 33, ℻ 2 25 66 32. Ein luxuriöses und traditionsreiches Stadthotel in bester Lage mit Blick auf das Castle. ($$)
Sibbet House, 26 Northumberland St., EH3 6LS, ☎ 0 1 31/5 56 10 78, und **27 Hericot Row,** EH3 6EN, ☎ 0 1 31/2 20 16 99. Zwei (für das Gebotene) preiswerte Pensionen in eleganten Wohnhäusern der New Town, die allgemein hochgelobt werden. ($)
Jugendherberge: 18 Eglinton Crescent, ☎ 0 1 31/ 3 37 11 20. Die „offizielle" YHA-Jugendherberge, ist nicht nur freundlich, sondern auch in großartiger Architektur untergebracht.

(R) **The Witchery,** Castlehill, ☎ 2 25 56 13. Ein Restaurant mit schottischen Spezialitäten und Spuk direkt unterm Schloß. ($)
Henderson's, 94 Hanover Street, ☎ 2 25 21 31. Eines der ältesten und berühmtesten vegetarischen Restaurants in Großbritannien. ($)
Pubs: unter vielen gilt es zwei besonders zu empfehlen: **The Bow Bar,** Victoria Street/80 West Bow, hat eine hervorragende Bier- und Whisky-Auswahl; **Bannerman's**, 212 Cowgate, bietet Live-Bands (meist Folk Music), eine entsprechend lebhafte Atmosphäre und zu allem Überfluß sonntags ab 11 Uhr ein anständiges Frühstück.

Öffnungszeiten: Alle im Text erwähnten Sehenswürdigkeiten sind Mo bis Sa mindestens von 10 bis 17 Uhr geöffnet; die Museen machen So nur nachmittags auf, in der Regel ab 14 Uhr und teils nur während der sommerlichen Hauptsaison (genaue Angaben beim TIC).
Festivals: Alljährlich findet in Edinburgh drei Wochen lang, Mitte August bis Anfang September, eines der größten Musik- und Theaterfestivals der Welt statt, mit großen Namen aus aller Welt (*International Festival of Music and Drama*, Büro: 21 Market Street, EH1 1BW, ☎ 0 1 31/2 25 57 56). Hinzu kommen unter der Sammelbezeichnung *Festival Fringe* (Büro: 180 High Street, EH1 1QS, ☎ 0 1 31/2 26 52 57) unzählige freie Theatergruppen, Komiker, Pantomimen etc., die ihre Auftritte auf eigene Rechnung absolvieren.

Außerdem finden im August das *International Film Festival* (Büro: 88 Lothian Rd., EH3 9BZ, ☎ 0 1 31/2 28 40 51), das *International Jazz and Blues Festival* (Büro: 116 Canongate, EH8 8DD, ☎ 0 1 31/ 5 57 16 42) und alle zwei Jahre – 1997, 1999 usw. – das *Book Festival* (Büro: 137 Dundee Street, EH11 1BG, ☎ 0 1 31/2 28 54 44) statt.

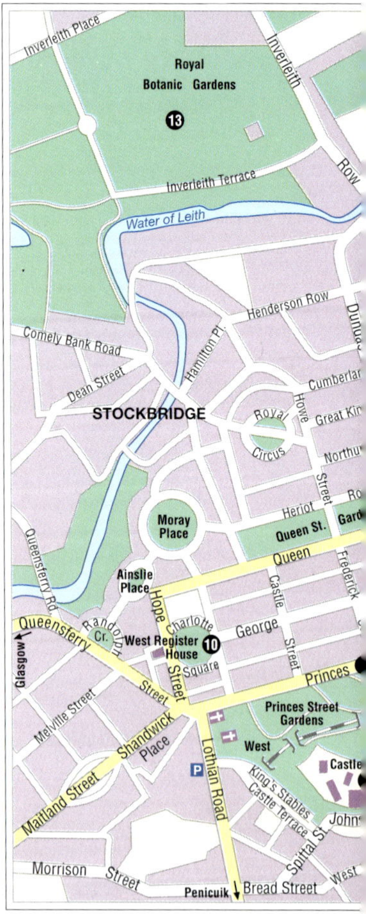

Einkaufstips: Gediegene und ausgefallene Geschäfte finden sich im Viertel zwischen Princes Street und George Street; Princes Street selbst hat neben zahlreichen Tartan-, Tweed- und Woll-Läden insbesondere *Jenners* zu bieten, gemeinhin als „Harrods von Edinburgh“ bezeichnet. Geschenkartikel, Souvenirs und „schottische Spezialitäten“ werden an der Royal Mile zuhauf angeboten. In und um St. Stephen Street und North West Circus Place finden sich unzählige Antiquitäten- und Kramläden.

❶ Castle
❷ Castlehill
❸ Lawnmarket
❹ High Street
❺ Canongate
❻ Holyroodhouse
❼ Calton Hill
❽ Princes Street
❾ National Gallery of Scotland
❿ Charlotte Square
⓫ Museum of Antiquities und Portrait Gallery
⓬ Royal Museum of Scotland
⓭ Royal Botanic Gardens

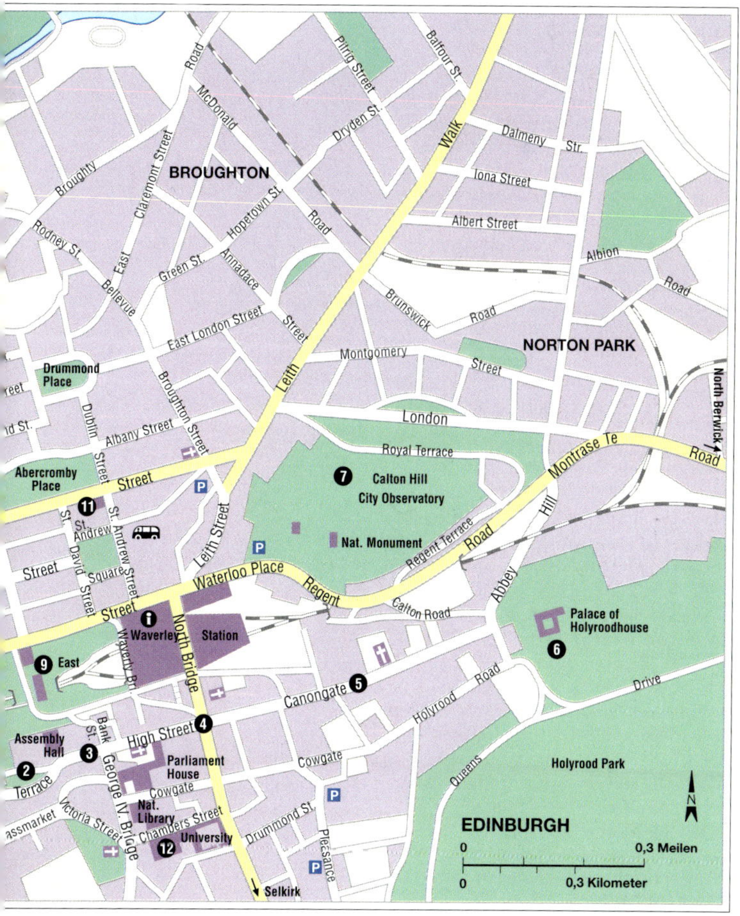

** Glasgow

„Edinburgh ist schottisch, Glasgow ist kosmopolitisch." Diese Feststellung des Autors H. V. Morton aus den zwanziger Jahren läßt sich heute noch belegen. Bis weit ins 20. Jahrhundert hinein war Glasgow nicht nur *der* schottische Auswanderungshafen, sondern nahm auch zahlreiche Einwanderer aus Irland, Italien, Indien, Pakistan und anderen Ländern auf. Anders als Edinburgh konnte Glasgow es sich nie leisten, in Betrachtung der eigenen glorreichen Vergangenheit zu verharren – ihren Ruf für besondere Vitalität hat die Stadt oft mit sozialen Umwälzungen und wirtschaftlichen Krisen bezahlt. Bis heute müssen sich viele Besucher erst einmal von dem Schock erholen, dort nicht einen großen Slum voller betrunkener Rowdies vorzufinden.

Glasgow hat sich in den letzten Jahren intensiv um eine Aufbesserung seines Image bemüht, und nicht zuletzt die Ernennung zur „europäischen Kulturhauptstadt" 1990 hat eine neue Sicht begünstigt. Wahr bleibt jedoch, daß es sich um eine Industrie- und Hafenstadt handelt, die unter hoher Arbeitslosigkeit leidet und deren Luftqualität sich erst besserte, als immer mehr Fabriken stillgelegt wurden. Ein geschlossenes Stadtbild ist hier nicht zu finden, dafür gibt es aber einige der bedeutendsten Bauten des europäischen Art nouveau (Glasgow Style), Prunkarchitektur der viktorianischen Hochkonjunktur, mehrere Museen von höchstem internationalem Ansehen – und nicht zuletzt nette Menschen. Immer wieder stellen Besucher, wie schon 1960 der Journalist Ian Nairn, verblüfft fest: „Glasgow ist ohne Zweifel die freundlichste der britischen Großstädte …"

Geschichte

Im sechsten Jahrhundert wurde an der Stelle, wo sich heute die Kathedrale erhebt, die erste Kirche erbaut. St. Mungo (auch Kentigern genannt), der Schutzheilige der Stadt, gründete damals ein Kloster, das zum Mittelpunkt einer stetig wachsenden Ansiedlung wurde. Als Wilhelm der Löwe dem „grünen Ort" (Glas cau) 1175 das Marktrecht verlieh, wurde er zum bedeutenden Handelsplatz. 1451 erfolgte die Gründung der Universität (der zweitältesten in Schottland), doch war Glasgow für da-

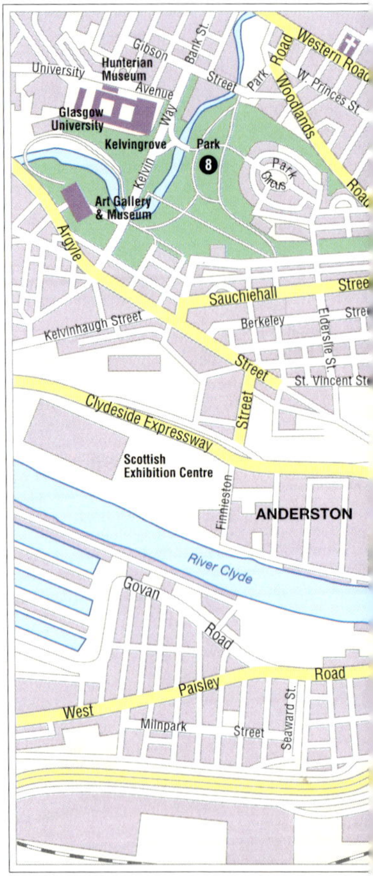

malige Verhältnisse ein kleiner Ort, dessen klerikale und akademische Einrichtungen weit bedeutender waren als die Stadt selbst. So weist die Geschichte der schottischen Königshäuser kaum eine Verbindung zu Glasgow auf, außer daß Maria Stuart hier 1568 (in Langside) ihre letzte Schlacht verlor – eine mittelalterliche Feste oder Adelspaläste sucht man im Stadtgebiet vergeblich. Um 1700 begann allmählich der wirtschaftliche Aufschwung, den Glasgow seinem natürlichen Hafen und den Erfordernissen der aufkommenden Schwerindustrie verdankte. Der See-

1. George Square
2. Buchanan Street
3. Glasgow Green
4. Cathedral Church of St. Mungo
5. Necropolis
6. Provand's Lordship
7. Glasgow School of Art
8. Kelvingrove Park

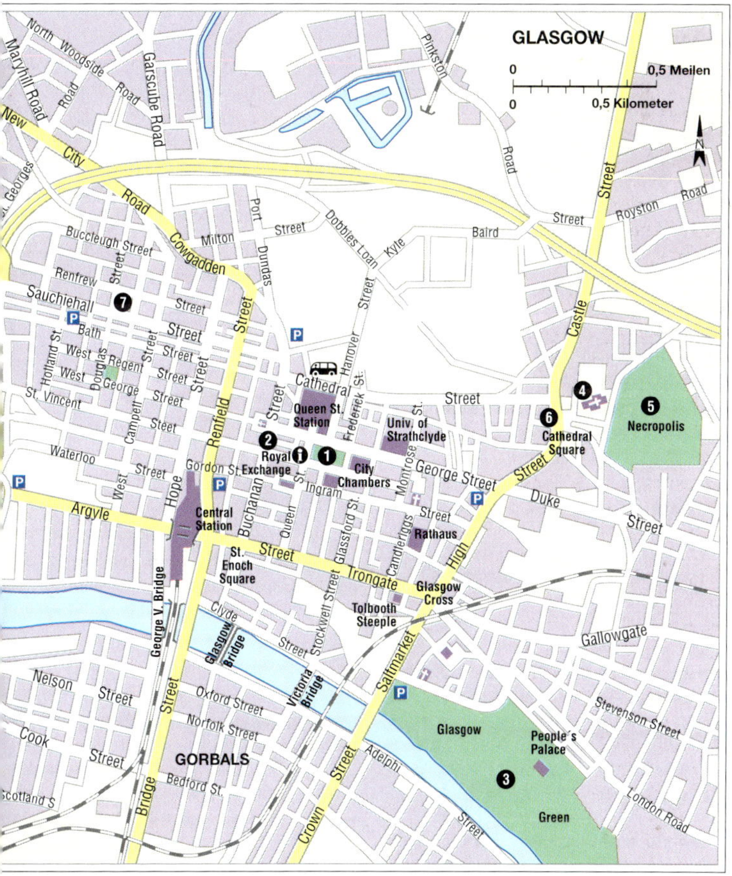

handel mit Amerika (insbesondere Tabak und Baumwolle) bedingte einen Schiffbau, der von Eisen, Stahl und kohlebeheizten Dampfmaschinen revolutioniert wurde – 1913 fertigten die Werften am Clyde fast ein Drittel des Weltbedarfs an Dampfschifftonnage. Die dafür benötigten Arbeitskräfte kamen aus den Highlands und aus Irland: Glasgow war 1780 eine Stadt mit 43 000 Einwohnern; diese Zahl hatte sich bis 1861 fast verzehnfacht (396 000), und 1901 war Glasgow mit 762 000 Einwohnern größer als heute.

Jede Wirtschaftskrise des 19. Jahrhunderts entließ mehr Menschen in die inzwischen weltweit berüchtigten Slums. Eine der reichsten Städte des britischen Empire hatte zugleich die größten sozialen Probleme zu bewältigen, und beide Aspekte lassen sich heute noch an der viktorianischen Prunkarchitektur und der qualvollen Enge der gleichzeitig entstandenen Reihenhaussiedlungen ablesen.

Der Niedergang der britischen Schwerindustrie seit Ende der sechziger Jahre traf Glasgow besonders hart, und erst in letzter Zeit ist es der Stadtverwaltung gelungen, dem Image der Stadt als Bewahranstalt für betrunkene, arbeitslose Fußballfanatiker durch diverse Regenerationsmaßnahmen und die Betonung kultureller Vielfalt entgegenzuwirken.

Stadtrundgang

Wer einen Rundgang auf dem großzügig angelegten ***George Square** ❶ vor der Fassade der City Chambers beginnt, bekommt gleich den gehörigen Eindruck von Glasgows Blütezeit und deren Ambitionen. Die Anlage des Platzes ist typisch viktorianisch, mit einer bezeichnenden Auswahl von Statuen und Monumenten: Neben der alles beherrschenden Figur von Sir Walter Scott auf seiner vierundzwanzig Meter hohen Säule finden sich (unter anderem!) Bildnisse des Chemikers Thomas Graham, des Publizisten Thomas Campbell, der Politiker Robert Peel, William Gladstone und James Oswald, des Generals Lord Clyde, des Ingenieurs James Watt (alle im 19. Jahrhundert errichtet), und natürlich dürfen Standbilder von Königin Viktoria und ihrem geliebten Prinz Albert nicht fehlen.

Die ganze Ostseite des Platzes wird vom monumentalen Rathaus, den **City Chambers*, eingenommen. Der 1883 bis 1888 errichtete Bau sollte nach dem Willen seines einheimischen Architekten William Young als „freie und würdevolle Umsetzung der italienischen Renaissance" entstehen. Die Fassaden sind bewußt unterschiedlich in Anlehnung an venezianische und römische Vorbilder gestaltet.

Wer vom Äußeren des Gebäudes beeindruckt ist, den dürfte die Gestaltung der frei zugänglichen Eingangshalle (von Young als „Loggia" bezeichnet) umwerfen – hier ist (im finanziellen wie im stilistischen Sinne) wahrhaftig an nichts gespart worden.

Die **Buchanan Street** ❷, teilweise als Fußgängerzone angelegt, ist Glasgows feinste Ladenstraße. Neben dem Kaufhaus „Frasers" und dem berühmten Traditions-Schottenausstatter „Highland House of Lawrie" gibt es im überdachten Einkaufszentrum Princes Square die elegantesten bzw. modebewußtesten teuren Läden der Stadt. Am Südende der Straße trifft man auf Argyll Arcade mit ihren zahlreichen Juweliergeschäften, jenseits der Argyle Street liegt das jüngst eröffnete Ladenzentrum am St. Enoch Square, unweit befindet sich Glasgows größter Buchladen „John Smith's" (St.Vincent Street).

Von St. Enoch Square aus am Clyde-Ufer angekommen, sieht man links die Fußgängerbrücke und kann am Flußufer entlangflanieren, vorbei am ehemaligen Fischmarkt – das stattliche Gebäude von 1873 mit seinen beiden Säulenportalen steht heute leider leer und verkommt zusehends – bis hin zum **Glasgow Green** ❸. Der Park diente im 18. Jahrhundert als Weide und den

Baumwollfärbern zum Auslegen und Trocknen ihrer Tuche, ehe 1815 die heutige Grünanlage begonnen wurde. Mitten darin erhebt sich der *People's Palace.* 1893–1898 „für die Erholung und Bildung der Bevölkerung des Glasgower East End" gebaut, beherbergt er heute Sammlungen und Ausstellungen zur Sozialgeschichte der Stadt, die sich der Maler Ken Currie auch zum Thema seiner großangelegten Gemälde genommen hat. Hier kann man, wenn nicht gerade einer der allzu häufigen Umbauten im Gange ist, den Geist Glasgows aufsaugen: Der Kampf um Frauenwahlrecht und Gleichberechtigung, die Arbeiterbewegung, der Alltag während der Weltkriege, Glasgow Style, Viktoriana, Punk – all das (und vieles mehr) macht deutlich, wie die Stadt zu ihrem heutigen Charakter gekommen ist. Der riesige Wintergarten aus Gußeisen und Glas, der sich hinten an den People's Palace anschließt, beherbergt neben Tropenpflanzen auch eine Teestube.

Nördlich des Parks, zwischen London Road und Gallowgate, findet jedes Wochenende unter Dach und im Freien der größte Flohmarkt Schottlands statt, eine Glasgower Institution und ein Erlebnis für sich. *The Barrows* (oder „Barras" nach der üblichen Aussprache – das Wort bedeutet „Karren") breitet sich am Samstag/Sonntag über das ganze Viertel aus und wimmelt von Touristen, einheimischen Schnäppchenjägern, echten und nicht ganz echten „Originalen". Zu kaufen gibt es alles vom gebrauchten Einwegfeuerzeug bis zu beachtlichen Antiquitäten. In der gleichen Gegend (vorwiegend in den Gassen hinter Bridgegate) findet montags bis samstags der sogenannte „Paddy's Market" statt, der weitgehend dem Bemühen der Armen vorbehalten ist, irgendwie zu Geld zu kommen.

****Cathedral Church of St. Mungo ❹** lautet die offizielle Bezeichnung für die Glasgower Kathedrale, die hügelaufwärts am oberen Ende der High Street gelegen ist. Der äußere Anblick des go-

Abends am George Square

Die äußerst prunkvolle Eingangshalle der City Chambers (vgl. a. S. 16)

Der People's Palace, Ort sozialgeschichtlicher Ausstellungen

tischen Bauwerks aus dem 13. Jahrhundert wäre noch eindrucksvoller, wenn daneben nicht der riesige Krankenhauskomplex des Royal Infirmary aufragen würde. Dennoch ist St. Mungo die bedeutendste schottische Kirche aus dieser Zeit, in der Krypta finden sich Reste noch älterer Sakralbauten.

Die nach dem Vorbild des Pariser Friedhofs Père Lachaise angelegte *Necropolis* ❺ auf dem Hügel hinter der Kathedrale ist (offiziell) wegen Baufälligkeit geschlossen. *Provand's Lordship* ❻ gegenüber der Kirche, ein 1471 errichtetes Pfarrhaus, dient heute als stadthistorisches Museum.

Der Anfang von Sauchiehall Street wäre eine normale Fußgängerzone, wenn nicht im ersten Stock von Hendersons's Gift Shop der *Room de Luxe* der ehemaligen „Willow Tea Rooms" heute wieder als Café und Teestube genutzt würde. Die in Lila und Silber gehaltene Einrichtung bietet einen ersten Vorgeschmack auf das Wirken von Charles Rennie Mackintosh, dem Begründer des „Glasgow Style". Der 1868 geborene Mackintosh gilt heute als einer der führenden Architekten und Designer des europäischen Art nouveau.

Wenn man von der Sauchiehall Street bergauf in die Dalhousie Street einbiegt, sieht man bald links sein Hauptwerk, das Gebäude der ****Glasgow School of Art** ❼. Hier an der älteren Ostseite des Baus sind Elemente wuchtiger schottischer Burgenarchitektur zu erkennen. Die Längsfassade mit dem Haupteingang in der Renfrew Street macht einen vergleichsweise aufgelockerten Eindruck, und der Westflügel, 1907 (zehn Jahre nach dem Ostteil) entworfen, wirkt mit seinen vertikal ausgerichteten Fensternischen ausgesprochen modern. Mackintosh hatte nach eigener Aussage mehr Spaß an der Planung von Inneneinrichtungen als von Gebäuden, und die atemberaubende Bibliothek beweist sein Können. Das Gebäude beherbergt nach wie vor die Glasgower Kunstakademie, und es ist nicht immer möglich, die Innenräume und die Sammlung von Aquarellen und Skizzen unangemeldet zu besichtigen. Beim TIC (s. u.) oder unter ☎ 3 32 97 97 kann man Führungszeiten usw. erfragen. Materialien zum Glasgow Style von Mackintosh, Herbert McNair sowie Frances und Margaret Macdonald sind auch in der von Mackintosh entworfenen *Queen's Cross Church* (Garscube Road) bei der Charles Rennie Mackintosh Society erhältlich.

Sauchiehall Street zieht sich durch die ganze Innenstadt. Wer jenseits der Stadtautobahn nach Norden in den **Kelvingrove Park** ❽ abbiegt, trifft bald auf eine höchst eindrucksvolle Wohnanlage aus dem späten 19. Jahrhundert, bestehend aus Park Gate, Park Circus, Park Terrace und Park Quadrant. Der Gesamtentwurf stammt von Charles Wilson (1854), einzelne Gebäude wurden von anderen berühmten Architekten seiner Zeit ausgeführt.

Hier wohnten damals die Familien, die in Glasgow das Sagen hatten, und an den Südrand „ihres" Parks setzten sie sich „ihren" Kunsttempel ***Glasgow Art Gallery and Museum*. Die Sammlungen können es allemal mit den großen Nationalmuseen von Edinburgh aufnehmen. Neben weltbekannten Werken von Botticelli bis Dalí ist hier eine hervorragende Auswahl schottischer Künstler des 19. Jahrhunderts zu sehen – die Avantgardisten unter ihnen waren ohnehin meist in Glasgow tätig. Natürlich darf ein Saal mit Werken von Charles Rennie Mackintosh nicht fehlen, aber damit ist der „Glasgow Style" noch keineswegs abgehakt. Wenn man dem großzügig angelegten Fußweg Kelvin Way nordwärts durch den Park folgt, trifft man auf den monströsen viktorianischen Campus der *University of Glasgow*. Dem modernen Betrachter mögen keine großen Unterschiede zwischen dem Stil der Hauptgebäude und den Prunkbauten anderswo in der Stadt auffallen, aber 1863/64 kam es zu heftigen Auseinandersetzungen, als der englische Architekt George Gilbert

Scott mit dem Entwurf beauftragt wurde und zu allem Überfluß noch einen englischen Bauunternehmer engagierte. Zur Universität gehört auch das *Hunterian Museum*, gegründet auf die Kuriositäten-, Fossilien- und Münzsammlungen von William Hunter. Das Museum mit dem berühmten Münzkabinett hat mehrere Preise gewonnen – es ist immer gut, in Glasgow auf die Ankündigungen seiner Sonderausstellungen zu achten. Die **Hunterian Art Gallery* umfaßt eine Gemälde- und Graphiksammlung, die ebenfalls auf Hunter zurückgeht, aber aktiv fortgeführt wurde (u. a. Werke von Whistler, Graphiken von Gauguin, Cézanne, Picasso, Kandinsky, Warhol), und die faszinierende Rekonstruktion des Mackintosh House – die Stadt Glasgow hat in den letzten Jahren erkannt, daß Mackintosh für ihr Image ähnliches leistet wie Antonio Gaudi für Barcelona.

Die Kathedrale St. Mungo

Das Pollok House und sein Garten

Pollok Park – Kunst im Grünen

Für eine alte Industriestadt verfügt Glasgow über erstaunlich viele Grünflächen und streitet sich sogar mit London und anderen europäischen Städten um den „Rekord", die Stadt mit dem höchsten Prozentsatz an Parkanlagen zu sein. Jenseits der ehemals berüchtigten Arbeiter- bzw. Arbeitslosenviertel Gorbals und Govan (mit dem Fußballstadion der Glasgow Rangers, Ibrox Park) südlich des Flusses erstreckt sich die mit 147 Hektar größte Grünanlage,

Pollok Park. Dort befinden sich zwei bedeutende Gebäude mit ebensolchen Kunstsammlungen, aber an schönen Tagen kommen auch jene Glasgower hierher, die gerade nichts Höheres im Sinn haben, als sich ein Picknick und einige Sonnenstrahlen zu gönnen.

Die beiden Museen könnten kaum unterschiedlicher sein. Die ***Burrell Collection* in ihrem preisgekrönten modernen Gebäude beherbergt ein Sammelsurium wertvoller Gegenstände aus dem Besitz des Reedereimagnaten Charles Burrell. Der hatte sein Vermögen in chinesische Keramik, Antiquitäten aus dem Mittelmeerraum, persische Teppiche und Kunsthandwerk des europäischen Mittelalters gesteckt. Als er dies alles 1944 der Stadt vermachte, sorgte er sich jedoch um die Auswirkungen der industriellen Luftverschmutzung auf seine Schätze und bestimmte, daß sie mindestens 25 km von der Stadt entfernt untergebracht werden müßten. Erst 1967 erklärten sich seine Erben bereit, die Sammlung im Pollok Park unterbringen zu lassen. Der war damals gerade von Mrs. Anne Maxwell Macdonald an die Stadt übergeben worden, samt ***Pollok House*, dem klassizistischen Herrenhaus ihrer Familie, und dessen verblüffender, weil kaum bekannter Sammlung spanischer Gemälde (darunter Werke von El Greco, Murillo und Goya!).

Praktische Hinweise

🛈 Tourist Information Centre (TIC), 39 St. Vincent Place, Glasgow G1 2ER (zwischen George Square u. Buchanan Street), ☏ 01 41/2 04 44 00, FAX 2 04 47 72 – Unterkunftsnachweis, Karten und Stadtführer (auch auf deutsch), Veranstaltungshinweise, Ausflüge etc.; meist ist jemand mit Deutschkenntnissen zur Hand.

Ⓗ **One Devonshire Gardens**, Glasgow G12 0UX, ☏ 01 41/3 39 20 01, FAX 3 37 16 63. Das nach seiner Adresse benannte, sehr schicke Haus wurde 1993 zum britischen Hotel des Jahres gewählt. $$$
Babbity Bowster, 16 Blackfriars Street, ☏ 14 1/5 52 50 55, FAX 5 52 52 15. Ein kleines zentral gelegenes Hotel mit fröhlichem Pub, das passenderweise den Namen eines schottischen Volkstanzes trägt. $$
Baird Hall, Strathclyde University, 460 Sauchiehall Street, ☏ 01 41/3 32 64 15. Eine billige Bleibe, aber nur während der Semesterferien, bietet der äußerlich grandiose Art-déco-Bau, heute ein Studentenwohnheim. $
Gleddoch House, Langbank, ☏ 0 14 75/54 07 11, FAX 54 02 01. 30 km vom Stadtzentrum entfernt, mit guter Straßenverbindung (Westende der Glasgower Stadtautobahn M 8), befindet sich dieses opulente Landhaus mit bester schottischer Küche und Golfplatz. $$$

Ⓡ **One Devonshire Gardens.** Nicht unerwähnt bleiben darf das vielgelobte Restaurant des o. g. Hotels (☏ siehe dort) – auch wenn schon manchem dazu das Attribut „hochgestochen" eingefallen ist. $$$
The Ubiquitous Chip, 12 Ashton Lane/Byres Rd, ☏ 3 34 50 07. Eine Glasgower Institution mit Stil, frischem Fisch und erstaunlicher Weinkarte. Im Bistro $$, Restaurant $$$
The Granary in einer stillen Ecke zwischen dem St.-Enoch-Einkaufszentrum und dem Fluß, 82 Howard Street, ist eine Teestube, bis abends geöffnet, mit Selbstgebackenem und vegetarischen Gerichten erster Güte. $
Pubs: **Blackfriars,** 36 Bell Street. Diese Kneipe mit allem Drum und Dran, d. h. Live-Musik, Live-Comedy, anständigem Essen und gutem Bier sei von den unzähligen Pubs herausgegriffen (siehe aber auch **Babbity Bowster Hotel**).

Öffnungszeiten: Alle im Text erwähnten Sehenswürdigkeiten sind Mo bis Sa mindestens von 10 bis 17 Uhr geöffnet; die Museen machen am So nur nachmittags auf, in der Regel ab 14 Uhr (genaue Angaben beim TIC). Zusätzlich zu erwähnen sind noch das **Museum of Transport* in der Argyle Street gegenüber dem Kunstmuseum am Kelvingrove Park, mit seinen wirkungsvoll präsentierten Autos, Straßenbahnen, Fahrrädern etc. sowie einem ganzen Saal voller Schiffsmodelle, und das *St. Mungo Museum of Religious Life and Art* bei der Kathedrale, dessen Ausstellung einen ausgewogenen Einblick in die Geschichte und Praxis der sechs größten Weltreligionen bietet.
Festivals: Jährlich im Mai findet in Glasgow das *Mayfest* statt, das mit dem Edinburgh Festival an Attraktionen (nicht jedoch an Umfang) zu konkurrieren versucht und in den letzten Jahren damit einigen Erfolg hatte (Büro: 18 Albion Street, ☏ 01 41/5 52 80 00). Im Juni/Juli finden jedes Jahr große Jazz- und Folkfestivals statt, im August *Streetbiz,* ein Straßentheater- und -entertainmentfest (Informationen vom TIC).

Nah- und Fernverkehr: Neben den lizensierten Taxis und orangefarbenen städtischen Bussen gibt es eine U-Bahn-Rundstrecke an der Peripherie der Innenstadt. Die beiden Hauptbahnhöfe *Central Station* (England, Südosten/Zubringer zur Irlandfähre in Stranraer) und *Queen Street Station* (Norden/Highlands, Osten/Edinburgh) sind durch eine spezielle Buslinie verbunden. Genauere Informationen gibt es im *St. Enoch Square Travel Centre.*

*Aberdeen

Einkaufszentrum
in Glasgow

Dafür, daß Aberdeen jahrhundertelang ein Zentrum des Welthandels war, ist es heute recht abgelegen. Reisende müssen sich bewußt entscheiden, die Stadt zu besuchen: Sie liegt fernab der Hauptrouten in die Highlands, und man durchquert kilometerweit unbebaute Landschaft, ehe man auf die unscheinbaren, von Kleinindustrie und Vorortsiedlungen geprägten Ausläufer Aberdeens trifft. Und bei der Suche nach Unterkunft stellt man fest: Die Stadt ist in erster Linie auf das Geschäft mit dem Nordsee-Öl eingerichtet, erst in zweiter Linie auf Touristen – während beispielsweise in Edinburgh am Wochenende die Kurzurlauber einfallen, sind die Hotels von Aberdeen an Arbeitstagen voll und preisen dafür ihre Sonderangebote für die Wochenenden an.

Das King's College,
Aberdeen

Und doch hat die Stadt, die sich zunehmend als Urlaubsziel für die ganze Familie empfiehlt, Besuchern einiges zu bieten: ein unverwechselbares Stadtbild, von Granitbauten und Blumenrabatten bestimmt; eine weit zurückreichende, wechselvolle Geschichte; einige herausragende Museen – und einen Einblick in den schottischen Wirtschaftszweig, der in den vergangenen Jahren ganz Großbritannien über Wasser gehalten hat.

Geschichte

Die Lage Aberdeens an der Mündung des Flusses Dee mit ihrem natürlichen Hafen läßt erwarten, daß die Stadt auf eine lange Geschichte zurückblicken kann, und in der Tat wurden hier prähistorische, römische und piktische

Das Marischal College
in Aberdeen

Ansiedlungen nachgewiesen. Bereits im Jahr 1136 erhielt Aberdeen dank seiner Bedeutung für den Seehandel das Recht, einen Schiffszoll einzutreiben, und 1179 folgte die Erhebung zur „Royal Burgh". 1336/37 ließ Eduard III. von England die Stadt niederbrennen, wonach sie großzügiger und weitläufiger wiederaufgebaut wurde. Die Bedeutung Aberdeens läßt sich daran ermessen, daß es hier schon 1495 zur Gründung der Universität kam – sie ist die drittälteste in Schottland. In den folgenden Jahrhunderten florierte die Stadt als bedeutender Fischerei- und Handelshafen mit dem größten Viehmarkt nördlich des Firth of Forth – selbst aus den entlegenen Highlands von Wester Ross trieben die Bauern ihre Rinder hierher.

Während der jakobitischen Aufstände 1715 und 1745 schloß sich die Stadt „offiziell" den Rebellen an, doch blieben ihre Tore um des lieben Friedens und des Handels willen stets allen Parteien offen. Im 18. und 19. Jahrhundert erlebte Aberdeen eine besondere Blüte durch Kolonialhandel und Textilindustrie – die notwendig gewordene Erweiterung des Hafens führte 1869 zum damals unerhörten Projekt der Umleitung des Dee. Genau hundert Jahre später erfolgte der nächste große Umbau der Hafenanlagen, um Anlegeplätze für moderne Fähren und die Versorgungsschiffe der Nordsee-Bohrinseln zu schaffen – der Ölboom hatte eingesetzt und sollte der Stadt wieder zu einer zentralen Stellung im schottischen Wirtschaftsleben verhelfen.

Stadtrundgang

Der Hafen ❶ ist Zentrum und Lebensgrundlage der Stadt. Das Gelände ist (mit etwas Vorsicht) für Besucher frei zugänglich. Wer seinen Rundgang früh beginnen möchte, kann vor 7.30 Uhr morgens im modernen Fischmarkt am *Albert Basin* (Market Street) der geschäftigen Versteigerung des kurz zuvor angelandeten Fangs beiwohnen.

❶ Hafen
❷ Maritime Museum
❸ Kirk of St. Nicholas
❹ Aberdeen Art Gallery and Museum
❺ Provost Skene's House
❻ Anthropological Museum
❼ St. Machar's Cathedral
❽ Brig o' Balgownie

Das **Maritime Museum** ❷ im Provost Ross's House an der Shiprow nördlich des Upper Dock verschafft einen Überblick über die Geschichte des Hafens. Das Gebäude selbst ist eine Sehenswürdigkeit – es wurde 1593 als Wohnhaus eines reichen Händlers erbaut. – Die Innenstadt nördlich des Hafens drängt sich um zwei monströse Einkaufszentren, das Bon Accord Centre und das St. Nicholas Centre.

Die **Kirk of St. Nicholas** ❸ umfaßt Teile eines Baus aus dem 12. Jahrhundert. Während der Reformation wurde die Kirche unterteilt und von beiden Konfessionen benutzt. In der Krypta des Ostteils hielt man im 17. Jahrhundert „Hexen" gefangen, und es wird besonders auf die in die Wand eingelassenen Eisenringe verwiesen, an denen angeblich ihre Ketten befestigt waren.

***Aberdeen Art Gallery & Museum** ❹ an der Ecke Blackfriars Street/Schoolhill zeigt neben einer ansehnlichen Sammlung europäischer Gemälde mit dem Schwerpunkt im 18. bis 20. Jahrhundert insbesondere Werke zeitgenössischer schottischer Künstler, und daneben ist die Ausstellung schottischen Kunsthandwerks in Silber und Glas von Bedeutung. Die „Macdonald Collection" im Obergeschoß ist einzigartig: Sie präsentiert 92 Selbstbildnisse britischer Maler.

Eingeklemmt zwischen Ladenzentren und Bürohäusern wirkt **Provost Skene's House** ❺ in Flourmill Lane wie ein Anachronismus; das älteste erhaltene Wohnhaus der Stadt (um 1545) wurde sorgfältig restauriert und ist heute ein Museum, dessen Räume im Stil ver-

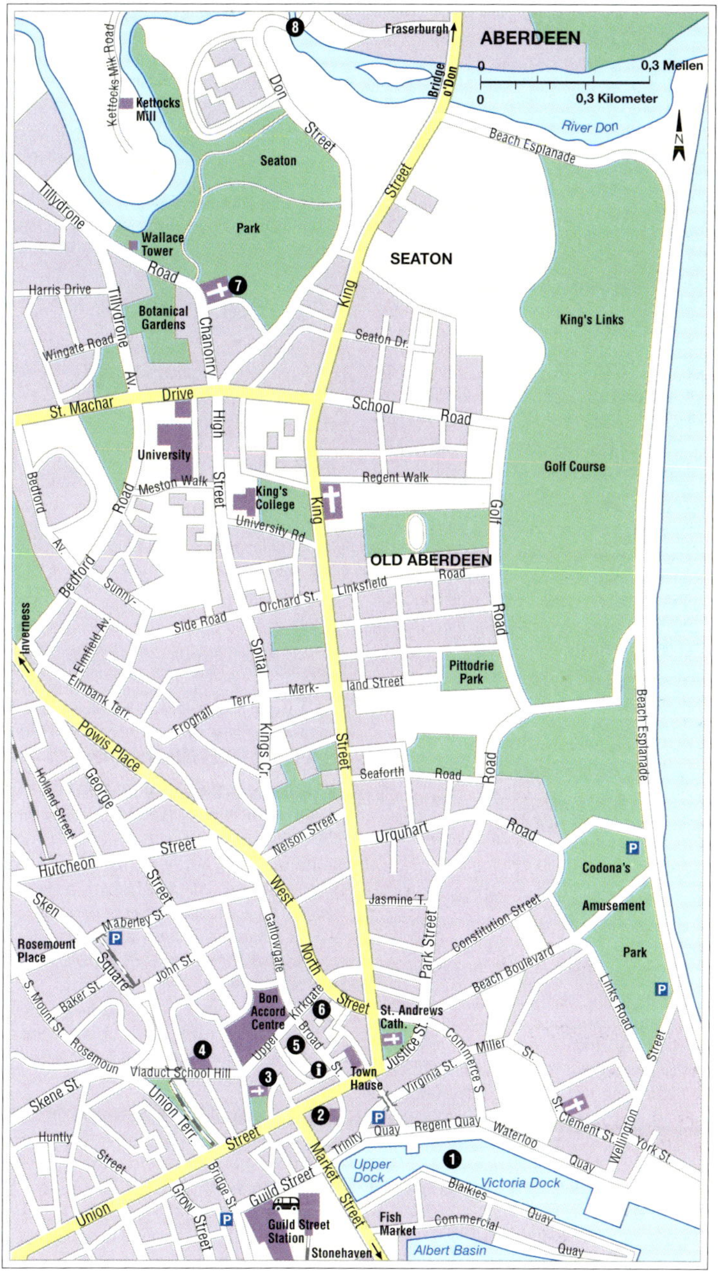
ABERDEEN
0
0,3 Meilen
0
0,3 Kilometer
River Don
Fraserburgh
Bridge o'Don
Kettocks Mill
Kettocks Milk Road
Don Street
Beach Esplanade
Seaton Park
Tillydrone Road
Wallace Tower
SEATON
King Street
Harris Drive
Tillydrone Av.
Botanical Gardens
Chanonry
Wingate Road
Seaton Dr.
King's Links
St. Machar Drive
School Road
High Street
University
Meston Walk
Regent Walk
Golf Course
Bedford Road
King's College
University Rd
Golf Road
Bedford Av.
OLD ABERDEEN
Sunnybank Road
Linksfield Road
Orchard St.
Side Road
Spital
Inverness
Elmfield Av.
Pittodrie Park
Merkland Street
Elmbank Terr.
Froghall Terr.
Powis Place
Kings Cr.
Seaforth Road
Holland Street
George Street
Nelson Street
Urquhart Road
Hutcheon Street
West North Street
Skene Square
Jasmine T.
Codona's Amusement Park
Maberley St.
Rosemount Place
Gallowgate
Park Street
Constitution Street
John St.
Beach Boulevard
Links Road
S. Mount St.
Baker St.
Bon Accord Centre
Kirkgate
St. Andrews Cath.
Broad St.
Upper
Justice St.
Commerce S
Miller St.
Rosemount Viaduct
School Hill
Town Hause
Virginia St.
St. Clement St.
Skene St.
Union Terr.
Quay
Regent Quay
Waterloo Quay
Wellington Street
York St.
Huntly Street
Union Street
Trinity
Upper Dock
Victoria Dock
Market Street
Bridge St.
Guild Street
Blaikies Quay
Grow Street
Guild Street Station
Fish Market
Commercial Quay
Albert Basin
Stonehaven
Quay
1
2
3
4
5
6
7
8
P
N

schiedener Bewohner über die Jahrhunderte eingerichtet sind.

Das **Marischal College* an der Broad Street wurde 1593 als protestantisches „Konkurrenzunternehmen" zu dem katholischen King's College gegründet, doch läßt sich das wahre Alter der Anlage erst erahnen, wenn man hinter die neugotische Fassade von 1906 vorgedrungen ist. Eine Abteilung des dort untergebrachten **University of Aberdeen Anthropological Museum** ❻ befaßt sich mit den prähistorischen Bewohnern Schottlands, insbesondere aus der Gegend um Aberdeen.

Old Aberdeen erreicht man über die George Street oder die Hauptverkehrsstraße King Street, die hinter dem Marischal College nach Norden führt.

An der parallel verlaufenden High Street liegt *King's College*, das ältere der beiden Colleges der Universität. Die Kapelle stammt von ca. 1500 und beherbergt das Grab des Universitätsgründers Bischof Elphinstone, dessen Ehrenmal vor dem Gebäude aufragt.

***St. Machar's Cathedral** ❼ mit der wunderbaren Eichenholzdecke im Mittelschiff ist das älteste Granitgebäude in einer Stadt, die oft als „Granite City" bezeichnet wird. Das Viertel um die Kirche mit seinen bis zu dreihundert Jahre alten Bürgerhäusern, dem Kopfsteinpflaster und der Atmosphäre stiller Gediegenheit lohnt durchaus einen geruhsamen Spaziergang, der bis zur **Brig o' Balgownie** ❽ über den Fluß Don führen kann. Dies ist die älteste gotische Brücke Schottlands, und über sie kursieren alle möglichen Geschichten. Ihr Bau, heißt es, sei vom schottischen Volkshelden Robert Bruce persönlich befohlen worden. Der Seher Thomas the Rhymer soll prophezeit haben, die Brücke werde einstürzen, wenn eines Vaters einziger Sohn auf dem einzigen Fohlen einer Stute darüberreite. Lord Byron, der in Aberdeen zur Schule ging, erzählt, wie er als Einzelkind in wohligem Erschauern gezögert habe, die Brücke zu überqueren.

Ein Ausflug

Von den vielen Adelssitzen in der Umgebung Aberdeens ist *Crathes Castle* wohl der meistbesuchte (🕓 Haus: Ostern bis Okt. tgl. ab 11 Uhr; Gärten etc. ganzjährig ab 9.30 Uhr). Zum einen ist es über die Fernstraße A 93 bequem erreichbar, zum anderen erfüllt es alle Anforderungen, die man an ein „typisch schottisches" Schloß stellen kann: Hinter den malerischen Zinnen des 1553–1594 entstandenen Baus verbergen sich nicht nur drei Räume mit eindrucksvollen Deckenmalereien im typisch schottischen Stil, sondern auch diverse Gespenster, darunter die „Green Lady". Sie soll mit ihrem Kind im Arm umgehen – in ihren Gemächern hat man unter der Kaminplatte das Skelett eines Säuglings gefunden.

Die über 240 Hektar großen, in Parzellen aufgeteilten *Gärten* von Crathes Castle sind ein besonderer Genuß und bei Ausflüglern aus Aberdeen ebenso beliebt wie bei Touristen. Besuchern werden mit einem Café, Informationszentrum und Andenkenladen alle erdenklichen Annehmlichkeiten geboten.

Praktische Hinweise

ℹ Tourist Information Centre (TIC), St. Nicholas House, Broad Street, Aberdeen AB9 1DE (gegenüber dem Marischal College), ☎ 0 12 24/ 63 27 27, FAX 62 04 15 – Unterkunftsnachweis, Karten und Stadtführer (einige Broschüren auf deutsch), Veranstaltungshinweise, Ausflüge etc.; Informationen über die *Aberdeen Highland Games* im Juni und die zahlreichen anderen Highland Games der Umgebung einschließlich Braemar sowie über das alljährlich um Ostern stattfindende *Scottish Connection Festival* mit seinem spezifisch schottischen Kulturangebot.

H **Caledonian Thistle,** 10-14 Union Terrace, AB9 1HE, ☎ 0 12 24/64 02 33, FAX 64 16 27. Traditionelles Stadhotel mit allen Annehmlichkeiten. $$

Craiglynn Hotel, 36 Fonthill Road, AB1 2UJ, ☎/℻ 0 12 24/58 40 50. Hier findet man preiswerte viktorianische Eleganz, verbunden mit schottischer Küche. ($)

Ⓡ **Silver Darling,** Pocra Quay/North Pier Road, ☎ 57 62 29. Das Restaurant am Hafen serviert exquisite Fischgerichte (zu entsprechend exquisiten Preisen). ($$)
The Lemon Tree, 5 West North Street (☎ 64 22 30). Ein Pub-Restaurant mit Theater und Live-Musik im ersten Stock. ($)
Pub: Der berühmteste weit und breit ist **The Prince of Wales** in St. Nicholas Lane. Er ist zwar riesig, aber auch fast immer voll und jeden Tag (auch So!) von 11 bis 23 Uhr geöffnet; mittags gibt es preisgünstige Mahlzeiten. **Booth Pub,** Black Wynd, ist etwas ruhiger, mit einer großen Auswahl von Pies zum gepflegten Bier.

Öffnungszeiten: Alle im Text erwähnten Sehenswürdigkeiten sind Mo bis Sa mindestens von 10 bis 17 Uhr geöffnet; die Museen machen sonntags meist nur nachmittags auf, in der Regel ab 14 Uhr (Broschüren mit genauen Angaben beim TIC).

Zusätzlich zu erwähnende Sehenswürdigkeiten sind die *Cruickshank Botanic Gardens* der Universität, gegenüber der St. Machar's Cathedral in Old Aberdeen gelegen, und *The Satrosphere* (heißt wirklich so!), Justice Mill Lane, südlich von Union Street (Di geschlossen), wo Naturwissenschaft und Technik zum Anfassen geboten werden – ein Paradies für Knopfdrücker, Kurbeldreher und Experimentierfreudige jeden Alters.

Einkaufstips: Alles Notwendige und darüber hinaus viel Überflüssiges kann man im Bon Accord Centre und St. Nicholas Centre im Stadtzentrum erwerben; in der George Street nördlich des Bon Accord Centre gibt es einige interessante Kram- und Antiquitätenläden.

Die Brig o' Balgownie in Aberdeen

Crathes Castle, ein beliebtes Ausflugsziel

Aberdeen ist auch eine angenehme Einkaufsstadt

Route 1

Seite 51

Der Süden: Borders/Dumfries & Galloway/Ayrshire

Kelso – Melrose – Peebles – Dumfries – Kirkcudbright – Ayr (ca. 600 km)

Früher verlief die schottische Grenze manchmal schon weit südlich des oft umkämpften, heute zu England gehörigen Städtchens Berwick-upon-Tweed an der Nordseeküste. Radikale landschaftliche Veränderungen werden Reisende beim Grenzübertritt an der Nordseeküste jedenfalls vermissen. Die sanft gewellte Hügellandschaft verwandelt sich erst, wenn man sich nach Westen wendet. Unzählige Festungs- und Abteiruinen zeugen von den Auseinandersetzungen früherer Zeiten zwischen Engländern und Schotten, haben aber um 1800 wesentlich zur romantischen Anziehung auf zwei der berühmtesten schottischen Dichter beigetragen, die sich beide in der Gegend niederließen – Robert Burns verbrachte seine ersten Lebensjahre in und um Ayr, seine letzten in Dumfries, Sir Walter Scott lebte bei Melrose.

Die folgende Route beschreibt einen Bogen von der Ostküste durch die Southern Uplands zur Irischen See im Westen und zurück in nordöstlicher Richtung nach Edinburgh. Sie eignet sich für Auto- und Fahrradfahrer – die früher gute Versorgung mit Buslinien ist leider erheblich abgebaut worden. Einige bequeme Abstecher zu Fuß und Hinweise auf Wanderwege sind in der Beschreibung enthalten.

Viele Schottlandreisende haben es so eilig, in die vielgepriesenen spektakulären Highlands zu gelangen, daß sie den Süden vernachlässigen. Wer es ihnen gleichtut, hat etwas verpaßt.

Die „Great North Road" von London nach Edinburgh, eine der ältesten Wegstrecken der britischen Inseln und heute prosaisch als A 1 bekannt, überquert nördlich von Berwick-upon-Tweed die Grenze nach Schottland. Nun ist es an der Zeit, sich vom Hauptverkehr zu lösen – im Westen locken die Lammermuir Hills mit stillen Nebenstraßen durch enge Talsohlen zwischen Hochmoorhügeln.

Zu den erfreulichen Anblicken am Südrand der Lammermuirs gehört **Manderston House** (bei Duns; ⌚ leider nur Mai bis Sept. Do und So 14 bis 17.30 Uhr). Es gilt als eines der schönsten edwardianischen Landhäuser vom Beginn unseres Jahrhunderts, doch in Wahrheit stammt der strenge Klassizismus seiner Proportionen vom Ende des 18. Jahrhunderts, und der Hanf- und Heringsmillionär Sir James Miller ließ um 1900 lediglich Erweiterungen und Umbauten vornehmen – opulente Marmorauskleidungen (selbst in den Ställen!), silberne Treppengeländer und weitläufige Dienstbotenquartiere zeugen von einem Luxus, der schon wenig später, nach dem Ersten Weltkrieg, völlig anachronistisch gewirkt haben muß. Die weitläufigen Gartenanlagen tragen zum üppigen Gesamteindruck bei – wie so oft in schottischen Gärten gibt es vor allem Rhododendren zu bestaunen.

Kelso, ein für die Borders typischer kleiner Ort, schmückt sich mit einem ansehnlichen Marktplatz. Berühmt ist die Abtei, als Ruine neben der heutigen Pfarrkirche zu besichtigen. Es handelt sich um eine der vier großen mittelalterlichen Abteien im Südosten (die anderen sind Dryburgh, Jedburgh und Melrose), die heute nur noch als Ruinen erhalten sind. Sie alle wurden im 16. Jahrhundert entweder im Zuge der Auflösung der Klöster durch Heinrich VIII. oder in den anschließenden Religions- und Erbfolgekriegen zerstört. Kelso Abbey muß einmal ein majestätisch aufragender normannischer Bau gewesen sein.

1

Seite 51

Floors Castle (3 km nordwestlich von Kelso; ⏲ April – Sept. tgl., im Okt. So und Mi 10 – 16.30 Uhr) dient den Herzögen von Roxburghe als prunkvoller Landsitz. Das Haus, 1721 von William Adam begonnen und im 19. Jh. erheblich erweitert, gilt als größtes bewohntes Schloß in Schottland und wurde weltweit bekannt, als es 1984 in dem Hollywoodfilm „Greystoke" als Tarzans englisches (!) Schloß fungierte. Der Ausblick über den Tweed ist wunderbar, und auf dem Hügel jenseits des Flusses muß man sich eine der größten mittelalterlichen Festungen Schottlands vorstellen – die wenigen Überreste von Roxburgh Castle sind auf die Entfernung kaum mehr zu erkennen. Wer dem Trubel von Floors Castle entgehen möchte, sollte von der Straße zum Schloß links in Richtung Fluß abbiegen. „The Cobby" heißt der von Einheimischen traditionell zum Schwimmen im Tweed und zum Picknicken benutzte grasbewachsene Uferstreifen. Ein Bad im Fluß kann wunderbar erfrischend sein – aber Vorsicht: Nur geübte Schwimmer sollten sich daran versuchen.

Prächtig und stilvoll: die Einrichtung von Floors Castle

Ⓗ Ⓡ In dieser Gegend kann man der Familie Roxburghe kaum entgehen: Ihr gehört das beste Hotel weit und breit, **Sunlaws House** (an der A 698 in Heiton, 5 km südlich von Kelso; ☎ 0 15 73/ 45 03 31, FAX 45 06 11). Das viktorianische Landhaus wirkt derart beeindruckend, daß die meisten Leute die Preise für unerschwinglich halten – wer nicht allzu knapp bei Kasse ist, könnte es auf eine Erkundigung ankommen und sich überraschen lassen. Das Essen hier ist erstklassig und ein „Bar Lunch" durchaus bezahlbar. $$$

Die berühmte Melrose Abbey

Melrose ist im wesentlichen für seine *******Abteiruine* bekannt (⏲ Mo–Sa ab 9.30, So ab 14 Uhr). Die 1136 als Zisterzienserkloster gegründete Anlage profitiert von einer im Vergleich zu Kelso Abbey romantischeren Umge-

Landschaft des River Tweed bei Abbotsford

1
Seite 51

Arrochar
Stirling
Helensburgh
Bonhill
Falkirk
Linlithgo
Dunoon
Greenock
Bathgate
Coatbridge
Airdie
Withburn
Rothesay
Glasgow
Motherwell
Clyde
Carluke
Carnwa
Lanark
Strathaven
Kilwinning
Ardrossan
Kilmarnock
Irvine
Falls of Clyde
Douglas Mill
Brodick
Firth of Clyde
Arran
Mauchline
Ayr
Ayr
Cumnock
Green Lowther
732
Culzean Castle
Dalmellington
Alhang
640
Ailsa Craig
Girvan
Tornhill
Moniaive
Merrick
843
Larne (Nordirland)
Douglas (Isle of Man)
Dumfries
New Galloway
Cree
Dee
The Rinns of Galloway
Newton Steward
Castle Douglas
Dalbeattie
Gatehouse of Fleet
Stranraer
Glenluce
Wigtown
Portpatrick
Kirkcudbright
Drummore

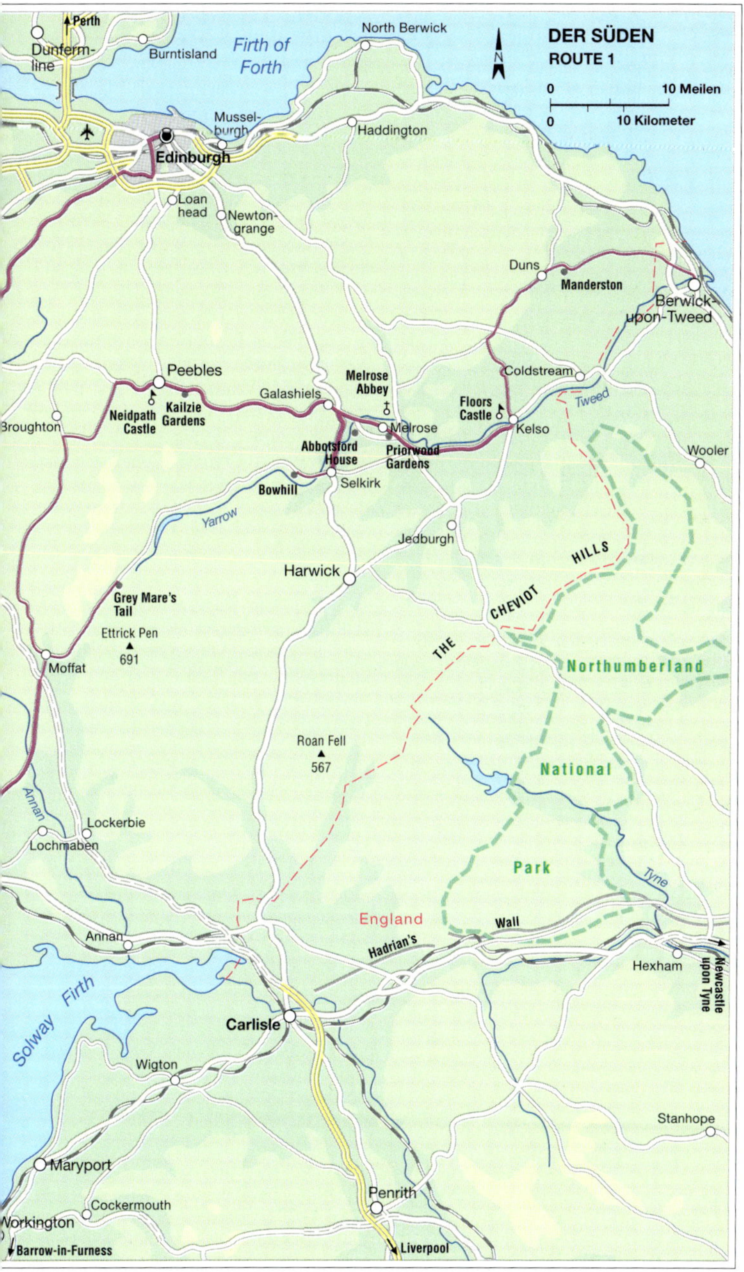
DER SÜDEN
ROUTE 1
N
0
10 Meilen
0
10 Kilometer
Perth
Dunferm-
line
Burntisland
Firth of
Forth
North Berwick
Mussel-
burgh
Haddington
Edinburgh
Loan
head
Newton-
grange
Duns
Manderston
Berwick-
upon-Tweed
Peebles
Melrose
Abbey
Coldstream
Tweed
Galashiels
Floors
Castle
Neidpath
Castle
Kailzie
Gardens
Broughton
Melrose
Kelso
Abbotsford
House
Priorwood
Gardens
Wooler
Bowhill
Selkirk
Yarrow
Jedburgh
HILLS
Harwick
Grey Mare's
Tail
CHEVIOT
Ettrick Pen
691
THE
Moffat
Northumberland
Roan Fell
567
National
Annan
Lockerbie
Lochmaben
Park
Tyne
England
Wall
Annan
Hadrian's
Hexham
Newcastle
upon Tyne
Solway
Firth
Carlisle
Wigton
Stanhope
Maryport
Penrith
Cockermouth
Workington
Barrow-in-Furness
Liverpool

1

Seite 51

bung und von den wunderbaren *Priorwood Gardens* (April–Dez. Mo–Sa ab 10, So ab 13.30 Uhr) neben der Abtei. Hinter hohen Mauern verbirgt sich ein Garten, der auf Blumen und Pflanzen zum Trocknen und Pressen spezialisiert ist; im Laden gibt es außerdem selbstgemachten Gelee zu kaufen, denn ein angeschlossener Obstgarten spezialisiert sich auf traditionelle Apfelsorten.

Einen Landsitz wie **Abbotsford House** (3 km westlich von Melrose; März bis Okt. Mo–Sa 10–17 Uhr, So ab 14 Uhr) hatte sich Sir Walter Scott immer gewünscht. Er ließ ihn nach eigenen Plänen bauen und verbrachte hier die letzten zwanzig Jahre seines Lebens. Entsprechend romantisch wirkt das unverändert erhaltene Haus – vom pseudomittelalterlichen Gepränge an den Wänden der Eingangshalle bis zur einladenden Bibliothek mit den vielen wertvollen Bänden aus Scotts eigener Sammlung.

Man kann sich gut vorstellen, wie hier und im anschließenden Studierzimmer ab 1812 Romane wie *Waverley, Ivanhoe* und *Kenilworth* entstanden, die Scott teilweise in großer Eile schrieb – er bezahlte seine Gastfreundschaft und den Ehrgeiz, als Landedelmann zu gelten, mit ständiger Geldnot.

Zum Übernachten lohnt sich ein Abstecher nach **Selkirk.** Der Ort selbst ist typisch für die Borders, aber nicht so bemerkenswert – bis auf die Tatsache, daß Sir Walter Scott hier mehr als dreißig Jahre lang als Sheriff (= Richter) tätig war. Das Gerichtsgebäude (heute das Rathaus) erhebt sich imposant am Marktplatz und enthält natürlich Erinnerungsstücke an den berühmten Mann.

Einen Umweg wert ist das **Philipburn House Hotel,** an der Kreuzung von A 707 und A 708; 0 17 50/ 2 07 47, FAX 2 16 90; nicht billig, aber eine wahre Freude für zwei Gruppen, die in den Hotels der Gegend sonst eher vernachlässigt werden – Kinder und Vegetarier. Letztere brauchen nur in die (auch an Fleischgerichten nicht arme) Speisekarte zu schauen, Weinkenner in die Getränkekarte, um zu wissen, daß sie am richtigen Ort sind. $

Ebenfalls ein Genuß für Kinder und Jugendliche, aber auch für Kunstfreunde jeden Alters ist **Bowhill** (5 km westlich von Selkirk an der A 708; Haus nur im Juli, tgl. 13–16.30 Uhr; Garten etc. April–August tgl. außer Fr 12–17 Uhr, im Juli auch Fr). Das Anwesen aus dem 18. Jahrhundert ist eines der vielen Besitztümer der Herzöge von Buccleuch, die als reichste Landbesitzer Schottlands gelten, und wie alle Häuser der Familie eine wahre Schatzkammer. Neben der berühmten Sammlung von Porträtminiaturen sind bedeutende Gemälde von Raeburn, Gainsborough, Reynolds, Canaletto, Guardi, Claude Lorrain, Leonardo da Vinci, Ruysdael und anderen zu besichtigen, dazu Louis-Quinze-Stühle mit Aubusson-Bezügen, Meißener Porzellan, handbemalte chinesische Tapeten aus dem 18. Jahrhundert und vieles mehr. Was tun, damit angesichts von soviel Prunk keine Langeweile aufkommt? Nichts leichter als das. Ein Abenteuerspielplatz mit wunderbaren Baumhäusern, ein Reitstall mit Mietpferden, Mietfahrräder mit zugehörigen Strecken, Spazierwege zum nahen Loch und der romantischen Ruine von Newark Castle und das Bowhill Little Theatre beim Haus mit wechselndem Programm auf der winzigen Bühne stehen zur Verfügung. Wem das nicht reicht, der kann sich im Andenkenladen oder im Tea Room gütlich tun.

Touristen nutzen das nicht weniger angenehme **Peebles** am Tweed als Einkaufszentrum. Ob zum Einkaufen oder für einen Cafébesuch („The Sunflower" oder „Gino's Café de Luxe" nahe der Brücke) auf der Durchfahrt, zum Übernachten im riesigen Kurhotel (*Peebles Hydro,* Innerleithen Road, 0 17 21/72 06 02; $) oder zum Spazierengehen in den Kailzie Gardens, im Dawyck Botanic Garden, am

1

Seite 51

River Tweed beim großartig gelegenen Neidpath Castle oder im Cardrona Forest – hier kann man getrost einmal haltmachen.

ⓘ TIC, High Street (an der Hauptstraße), ☎ 0 17 21/72 01 38.

Peebles Hydro und ähnliche Anlagen erinnern daran, daß viele Orte in der Gegend bis weit ins 19. Jahrhundert hinein als Heilbäder bekannt waren, so auch das gut erhaltene ehemalige Badehaus in **Moffat,** einem freundlichen Ort an der Strecke nach Süden zur Küste von Dumfries. Der *Toffee Shop* am weiten Marktplatz ist über die Grenzen Schottlands hinaus bekannt: Hier wird Moffat Toffee hergestellt und verkauft. Das Sahnekonfekt ist zwar auch in Bonbonform zu haben, aber wirklich Gierige kaufen ganze Barren. Von Moffat aus lohnt sich ein Abstecher zum *Grey Mare's Tail,* einem spektakulären Wasserfall 16 km nordöstlich des Orts, mit schönem Spaziergang. Die A 708 von Selkirk nach Moffat, vorbei am Wasserfall und St. Mary's Loch (das Einkehren in *Tibbie Shiels Inn* nicht vergessen!), ist ohnehin eine der schönsten Routen der Gegend.

Dumfries ist mit 32 000 Einwohnern der größte Ort im schottischen Südwesten, außerdem das Verwaltungszentrum der Region Dumfries & Galloway. Seine Lage machte Dumfries früher zu einem strategisch wichtigen Ort, mit anderen Worten: Es wurde mehrmals in seiner Geschichte überrannt und zerstört. Heute ist der Ort als Verkehrsknotenpunkt, Einkaufsstadt und eines der Zentren der touristischen Verwertung des schottischen „Nationaldichters" Robert Burns von Bedeutung. Burns verbrachte die letzten sechs Jahre seines Lebens in Dumfries, und die Stadt gedenkt seiner mit dem *Burns House,* wo er 1796 starb, dem Mausoleum über seinem Grab im Friedhof von St. Michael, der sentimentalen Statue in der High Street, den Memorabilien in Burns' Lieblingspubs

Abbotsford House – aus vielen Baustilen zusammengesetzt

Die Bibliothek in Abbotsford House

Brücke und Kirche von Peebles

1

Seite 51

„Globe Tavern" und „Hole i' the Wa'" und insbesondere mit dem *Robert Burns Centre* in der Mill Road (🕓 April bis Sept. Mo–Sa ab 10, So ab 14 Uhr; Okt. bis März: Di–Sa zu den gleichen Zeiten). In der ehemaligen Mühle kann man sich anhand von audiovisuellen Darbietungen, Modellen und anderen Ausstellungsstücken über Leben und Wirken des Dichters informieren, außerdem über die anderen Stationen des „Burns Trail", der zu den Stätten seines Lebens und seiner Werke führt.

ℹ TIC, Whitesands, am Ufer des Flusses Nith, ☎ 0 13 87/25 38 62.
Ⓗ Ⓡ **Station Hotel**, 49 Lovers Walk, ☎ 0 13 87/25 43 16, FAX 25 03 88. Nicht besonders aufregend, aber gepflegt und preiswert zum übernachten und anständig essen. Ⓢ

Südlich von Dumfries gilt es die wunderschöne und nicht allzu überlaufene Küste am Solway Firth zu erkunden, deren Lage allerdings einen Haken hat: Keine 50 km weiter südlich, an der nordenglischen Westküste, befindet sich die berüchtigte Atomanlage von Sellafield, und man hat im Meer am Solway Firth schon mehrmals Strahlungswerte gemessen, die sechzigmal höher lagen als die zu erwartende natürliche Strahlung – Baden auf eigene Gefahr, wie es so schön heißt.

Die gut ausgebaute A 710/A 711 führt in Küstennähe bis nach Kirkcudbright, aber unterwegs gibt es einiges zu beachten.

Da wäre einmal, in dem Örtchen New Abbey, die Abteiruine von *Sweetheart Abbey* – nicht so monumental wie Melrose in den Borders, aber gut erhalten, hübsch gelegen und nicht so überlaufen wie die berühmteren Abteien. Der Name geht auf die Stifterin des Klosters zurück – die fromme (und reiche) Devorguilla de Balliol wurde hier im Jahre 1290 mit dem einbalsamierten Herzen ihres geliebten, aber früh verstorbenen Gatten John begraben, das sie jahrelang in einem silbernen Kästchen bei sich getragen hatte.

Etwas weiter abseits der Hauptstraße steht der **Orchardton Tower** (Hinweisschild an der A 711 südlich von Palnackie), das einzige runde Turmhaus in Schottland. Man vermutet, daß es im 15. Jahrhundert von irischen Baumeistern errichtet wurde, in deren Heimat zahlreiche derartige Bauten zu finden sind. Die Ruine selbst wirkt auf den ersten Blick eher unscheinbar, ebenso wie ihre Lage. Aber wer erst einmal über die enge Wendeltreppe den Turm erklommen hat, wird es nicht bereuen.

Im Dorf Auchencairn kann man auf die einspurige Straße mit Ausweichplätzen abbiegen, die zum *Balcary Bay Hotel* führt – die ganze Küste war früher als Schmugglerparadies berüchtigt, insbesondere weil die Insel Man in der Irischen See bis 1876 außerhalb der britischen Zollhoheit lag. Eine auf Man ansässige Handelsgesellschaft war im 18. Jahrhundert dreist genug, sich hier am geschützten Ufer einen zweckdienlichen Vorratskeller bauen zu lassen und darüber ein bodenständiges Landhaus, das heute als Hotel betrieben wird (☎ 0 15 56/64 02 17, FAX 64 02 72; Ⓢ). Wer in einem der schönen Zimmer mit Blick auf die Bucht untergebracht ist, kann sich in der Abenddämmerung die Schmugglerboote vorstellen, die am Strand ihre kostbare Fracht entladen. Beim köstlichen Dinner sind jedenfalls diejenigen im Vorteil, denen wie den Gesetzlosen von ehedem jede Reue fremd ist.

Und so gelangt man endlich nach ***Kirkcudbright** selbst (der Name wird „Körkubrie" ausgesprochen – wer nach normalem englischem Sprachgebrauch „Körkadbreit" sagt, muß sich den freundlichen Spott der Einheimischen gefallen lassen). Wer an einem strahlenden Mai- oder Septembertag durch die parkartig begrünte Landschaft in den großzügig angelegten Ort kommt, der mag einen Moment lang das Verlangen spüren, hier das eine oder andere Jahr zu verweilen – viele Künstler haben diesem Impuls nachgegeben.

1

Seite 51

An der Solway-Küste finden sich viele prähistorische Stätten – die eindrucksvollste ist westlich des Örtchens Gatehouse of Fleet zu besichtigen, wenn man den Hinweisschildern an der A 75 folgend über einen Waldweg bergan zu den Grabstätten von ***Cairnholy I und II** gelangt. Als erster Gedanke drängt sich auf, daß, wer immer vor 4000 Jahren diese Steine aufgeschichtet hat, genau wußte, wie man Ehrfurcht vor dem Tod erzeugt. Im Halbkreis aufgestellte Steinplatten bewachen die schmale Grabkammer von Cairnholy I, vor deren Eingang der Blick weit hinaus übers Meer schweift. Man hat hier bei Ausgrabungen Objekte gefunden, die aus Mittel- und Südeuropa importiert worden sein müssen, darunter Glockenbecher und Teile einer Axt aus Jadeit. Die Felsplatte, mit der die Grabkammer von Cairnholy II abgedeckt ist, dürfte kaum von ein paar Männern unterm Arm hierher getragen worden sein. Eltern sollten sich mit Grundkenntnissen wappnen, damit ihre Kinder ihnen hier nicht klaffende Löcher in den Bauch fragen.

Als guter Standort für einen Urlaub in der Gegend empfiehlt sich **Newton Stewart**: Man kann ruhig und gepflegt, aber ohne großen Aufwand im Ort wohnen (*Creebridge House Hotel*, ☏ 0 16 71/40 21 21; ($)). Die Halbinsel im Süden (The Machars) schmücken die pittoresken Ortschaften Wigtown und Whithorn, schöne Strände und stille Landschaften, dazu eine Menge vor- und frühgeschichtlicher Stätten: Neben den Wren's Egg- und Torhouse-Steinkreisen sind die Ausgrabungen in Whithorn von besonderem Interesse (*Whithorn Dig & Visitor Centre*, George Street; ◷ Ostern–Okt. Mo–Sa ab 10.30 Uhr, Führungen und Ausstellung: frühchristliche, Wikinger- und mittelalterliche Siedlungen).

Nördlich von Newton Stewart breitet sich der **Galloway Forest Park** aus, ein immerhin 645 km^2 großes bewaldetes Naturschutzgebiet mit gut angelegten Wanderwegen, einem naturkundlichen

Der Wasserfall Grey Mare's Tail macht seinem Namen („Schweif der grauen Stute") alle Ehre

Landschaft bei Moffat

Das „Hole i' the Wa'", Dumfries

1

Seite 51

Informationszentrum (*Galloway Deer Museum* am Clatteringshaws Loch), Wildziegen- und Rotwildgehegen und manch anderer Sehenswürdigkeit. Es gibt sogar eine eigens ausgeschilderte Strecke für Leute, die den Wald besichtigen wollen, ohne aus dem Auto zu steigen (Raiders Road, Abzweigung der A 712).

Westlich von Newton Stewart ist die Westküste erreicht. Die wie ein Hammerkopf geformte Halbinsel Rhinns of Galloway ist von herausragender landschaftlicher Schönheit mit weiten Sandstränden im Osten und steilen Klippen im Westen, von denen man bei klarem Wetter Irland so nahe vor sich zu sehen meint, als könnte man ohne weiteres hinüberschwimmen. Der „Nachteil" all dieser wunderbaren Landschaft ist, daß sie während der Schulferien sehr voll wird – hier machen viele Großstadtschotten Urlaub.

Die Küstenstraße von Stranraer nordwärts bis Ayr (A 77/A 719) bietet großartige Ausblicke aufs Meer und den 340 m hohen Granitkegel der Insel Ailsa Craig, auf die früher unbotmäßige Mönche verbannt wurden – heute hausen hier nur die rechtmäßigen Bewohner des Vogelschutzgebiets (Bootsausflüge von Girvan aus möglich).

In Schottland gibt es so viele Schlösser, die „man gesehen haben muß", daß es schwerfällt, die nötigen Superlative für ****Culzean Castle** zu finden. Es ist weder besonders groß noch besonders alt, weder besonders geschichtsträchtig noch besonders spektakulär. Und doch: Wer hier achtlos vorbeifährt, ist selbst schuld. Schottlands berühmtester Architekt Robert Adam hat zwischen 1777 und 1792 in Culzean („Kollehn" gesprochen) aus einem Turmhaus des 16. Jahrhunderts für die Adelsfamilie Kennedy eine verblüffende Synthese von klassizistischem Herrenhaus und romantischer Burg geschaffen. So sehenswert das Äußere auch ist, kommt doch Adams Genie in der Anlage des zentralen Treppenhauses und im Dekor der Innenräume erst richtig zur Geltung. Wer nie etwas anderes von Robert Adam zu sehen bekommen hat als den wunderbaren runden Salon mit seiner Decke in drei Pastellfarben, wird sich dennoch ein genaues Bild vom Geschmack der schottischen Aufklärung machen können. Der im Stil des 18. Jahrhunderts angelegte Park ist einen eigenen Besuch wert (🕓 April–Okt. tgl. 10.30 bis 17.30Uhr; Country Park ganzjährig ab 9.30 Uhr).

Die Badeorte an der Küste zwischen den Rhinns und der Clyde-Mündung verwandeln sich im Sommer in Vororte von Glasgow und eignen sich allesamt zum Studium britischer Freizeitkultur – von dem altmodischen, eher förmlichen *Troon* mit seinen berühmten Golfplätzen bis hin zu den Bingosälen, Spielhallen und Rummelplätzen von *Saltcoats*.

Der größte von all diesen Orten ist **Ayr.** Die weiten Sandstrände wirken gepflegt und scheinen Tausende von Touristen in der Hauptsaison sowie die Wochenend- und Tagesausflügler gut zu verkraften.

Man muß hier auch keineswegs auf andere Vergnügungen verzichten – Golf ist die zweite große Attraktion der Stadt, mit drei schönen Plätzen. Hinzu kommen die berühmteste Pferderennbahn in Schottland und das Zentrum der Robert-Burns-Verehrung in seinem Geburtsort Alloway, heute ein südlicher Vorort von Ayr. Der gut ausgeschilderte „Burns Heritage Trail" (vgl. S. 54) führt zu seinem Geburtshaus (Museum) und an andere mit dem Dichter verbundene Stätten (Karten/Führungen: TIC).

ℹ TIC, Burns House, Burns Statue Square, ☎ 0 12 92/28 41 96.

Ⓗ **Burns Monument Hotel** in Alloway, ☎ 0 12 92/44 24 46; FAX 4 431 74. Angenehme Übernachtungsmöglichkeit nahe der Quelle des Burns-Kults. $

Northpark House, ☎ 0 12 92/44 23 36, Empfiehlt sich für Golfspieler direkt

1
Seite 51

am auch für Nichtmitglieder zugänglichen Belleisle-Kurs. ($)

Ⓡ **Fouters Restaurant,** Academy Street. Sorgt für gute Kost: das Restaurant selbst ist sehr gepflegt ($$); im Bistro ißt man weniger formell, aber ebenfalls schmackhaft ($).

Von Ayr führen fast alle Straßen nach Glasgow (A 77) oder Edinburgh (A 71), aber ein Abstecher lohnt sich noch, ehe man sich in die Städte begibt: Von der A 71 biegt man in Richtung Lanark ab und trifft südlich des Orts auf *New Lanark* und die *Falls of Clyde*. Die Wasserfälle sind ein beliebtes Ausflugsziel für Spaziergänger. Die Landschaft könnte einem romantischen Gemälde entsprungen sein – von den Granitfelsen, über die sich der Fluß ergießt, steigt Gischt zu den Eichen und Birken auf, deren Äste den Wasserlauf überschatten.

Tam o'Shanter, Titelheld eines berühmten Burns-Gedichts (lebensgroße Statue in Kirkoswald bei Ayr)

New Lanark am Ufer des Clyde unterhalb der Wasserfälle ist heute ein *Freilichtmuseum* (🕓 Besucherzentrum ganzjährig ab 11 Uhr). Hier wagten der sozial gesonnene Industrielle David Dale und sein Schwiegersohn Robert Owen um 1800 ein für damals revolutionäres Experiment: Sie bemühten sich, den Arbeitern der Baumwollspinnereien menschenwürdige Unterkünfte, Arbeitsbedingungen und Bildungseinrichtungen zu schaffen. „Als Robert Owen … die Notwendigkeit einer Beschränkung des Arbeitstags nicht nur theoretisch vertrat, sondern den Zehnstundentag wirklich in seine Fabrik zu New-Lanark einführte, ward das als kommunistische Utopie verlacht, ganz so wie seine Verbindung von produktiver Arbeit mit Erziehung der Kinder, ganz wie die von ihm ins Leben gerufenen Kooperationsgeschäfte der Arbeiter", schrieb später Karl Marx. Wenn man heute durch die Siedlung spaziert, wirkt sie geradezu idyllisch.

Brücke bei Alloway

New Lanark

Route 2

2

Seite 61

Der Osten: Fife/Tayside/Grampian

Edinburgh – Stirling – Anstruther – St. Andrews – Dundee – Glamis – Montrose – Balmoral – Banff – Culloden – Inverness (ca. 790 km)

Jede Route durch den Osten Schottlands nördlich von Edinburgh sieht sich dem Vorwurf ausgesetzt, alle Vorurteile über Schottland zu bestätigen: Man kommt an Golf, Schlössern und Whisky hier einfach nicht vorbei. Und von allem muß es auch noch gleich das Beste und Berühmteste sein: Der Old Course von St. Andrews, Stirling Castle, Falkland Palace und die unzähligen Destillen von Speyside, dem Kernland der schottischen Whiskyproduktion. Hinzu kommen die teils idyllische Küste und die grandiose Berglandschaft der Cairngorms. Warum sollte man sich also nicht ins Vergnügen stürzen – mit einer Auswahl der besten Touristenattraktionen, die Schottland zu bieten hat?

Von Edinburgh aus führt die folgende Strecke mit einem Umweg über Stirling an die Küste von Fife mit ihren malerischen Fischerdörfern und dringt dann ins Innere der alten Grafschaft Angus vor. Südlich von Aberdeen kehrt sie kurz an die Nordseeküste zurück, um dann einen Bogen nach Norden zu beschreiben und schließlich aus den Tälern von Speyside in Richtung Inverness abzubiegen.

Dies ist klassisches Feriengebiet (auch für die britische Königsfamilie), und man darf nur selten auf Einsamkeit rechnen. Aber die Leute, die hierher reisen, wissen auch, warum.

Es fällt nicht ganz leicht, sich von Edinburgh zu verabschieden, ohne daß man westlich der Stadt in das dortige Gewirr von Autobahnen, Schlafstädten und Industrieansiedlungen gerät. Obwohl . . . Da wäre zum Beispiel die eindrucksvolle Konstruktion der *Forth Rail Bridge*. Die 1883–1890 errichtete Eisenbahnbrücke war eine der großen bautechnischen Leistungen ihrer Zeit und ist heute noch ein Denkmal viktorianischen Fortschrittsdenkens. Obendrein ist sie im ganzen Land zum Symbol für Sisyphusarbeit geworden – wenn die Anstreicher mit ihrer roten Rostschutzfarbe am einen Ende der Brücke angekommen sind, müssen sie – wie es heißt – sofort am anderen Ende wieder zu pinseln anfangen.

Einige Kilometer westwärts ließe sich ** **Hopetoun House** (🕓 Ostern bis September 10–17.30 Uhr) besuchen, ein prächtiges, architektonisch interessantes Herrenhaus aus dem 18. Jahrhundert mit ausgedehnten Parkanlagen am Forth-Ufer, ehe man inmitten der Vororte von Stirling zum **Bannockburn Heritage Centre** (🕓 März – Okt. ab 10 Uhr) gelangt. Eine Rotunde mit einem Reiterstandbild daneben markiert die Stelle, von der aus Robert Bruce im Jahre 1314 das schottische Heer zu seinem blutigsten Sieg über die Engländer führte: „2 Grafen, mehr als 60 Barone und Bannerherrn, 268 Ritter und nicht weniger als 10 000 Soldaten zu Fuß“ starben auf englischer Seite, König Eduard II. mußte die Flucht ergreifen. Nationalbewußte Schotten nehmen die Schlacht von Bannockburn aber nicht nur deshalb wichtig, weil der Erzfeind hier so vernichtend geschlagen wurde, sondern auch, weil Bannockburn zum Sinnbild für die Sicherung der schottischen Unabhängigkeit wurde.

Nördlich des Schlachtfelds kommt man ins Zentrum von **Stirling.** Der Ort wird von der eindrucksvollen Festung * *Stirling Castle* überragt (🕓 April bis Sept. Mo–Sa 9.30–17.15 Uhr, So ab 10.30 Uhr, Okt. bis März Mo–Sa bis

16.30 Uhr, So ab 12.30 Uhr). Der Vergleich mit Edinburgh drängt sich auf; der Bau ist nicht nur von der Anlage her ähnlich, sondern hat auch eine gebührend erhabene Geschichte vorzuweisen: In dieser königlichen Residenz starben Alexander I. (1124) und Wilhelm der Löwe (1214), hier wurde Jakob III. 1451 geboren, hier krönte man Maria Stuart 1543 im zarten Alter von neun Monaten zur Königin von Schottland. Die heute verbliebenen Gebäude stammen größtenteils aus dem 15. und 16. Jahrhundert – über ihre Entstehung kann man sich im Visitor Centre an der Esplanade informieren.

Die imposante alte Eisenbahnbrücke Forth Rail Bridge

Die Einrichtung von Hopetoun House kann sich sehen lassen!

Das Viertel um den Aufgang zur Feste ist der älteste und schönste Teil der Stadt. In interessanten Gebäuden wie *Argyll's Lodging* und der *Guildhall* finden Besucher in der Hauptsaison Menschen in historischer Gewandung vor, die „aus erster Hand" von der Vergangenheit der Bauten erzählen. Noch interessanter ist das Straßentheater des *Ghost Walk:* Jeden Abend im Sommer kann man sich rund ums Schloß „die Welt rastloser Gespenster und verlorener Seelen" vorführen lassen (Familienvorstellung um 19 Uhr; eine etwas blutrünstigere Version wird ab 21.30 Uhr geboten – Näheres im TIC oder unter ☎ 45 09 45).

ℹ TIC, 41 Dumbarton Road/A 811, ☎ 0 17 86/47 50 19.
Ⓗ **Park Lodge Hotel,** 32 Park Terrace, ☎ 0 17 86/47 48 62, FAX 44 97 48. Eine geschmackvoll eingerichtete, kleine Unterkunft gleich in der Ortsmitte. $$

Argyll's Lodging in Stirling

Von Stirling kann man sich westwärts in das beliebte und attraktive Ferien-

2

Seite 61

2

Seite 61

gebiet *The Trossachs* um den Loch Katrine wenden, aber unsere Route führt nach Osten auf die Halbinsel Fife.

Am Südrand der Hügelkette der Ochils trifft man auf **Dollar,** wo man zum höchst romantisch anmutenden *Castle Campbell* (🕓 April bis Sept. Mo–Sa ab 9.30 Uhr, So ab 14 Uhr, Okt. bis März Do nachm. u. Fr geschlossen) hoch über dem bewaldeten Tal von Dollar Glen abbiegen sollte. Wer den steilen Anstieg zur Burg auf sich nimmt, wird mit großartigen Ausblicken über das Forth-Tal belohnt. Die Spazierwege am Bach durch den Laubwald des Glen sind ganz besonders (aber nicht nur) im Herbst zu empfehlen, und für entschlossene Wanderer lassen sie sich zu ausgedehnten Wegstrecken durch die Ochil Hills verlängern.

Etwas südlich von Auchtermuchty liegt **Falkland** mit Falkland Palace, dem Jagdschloß der Stuart-Dynastie (🕓 April–Okt. Mo–Sa 11–17.30 Uhr, So ab 14Uhr). In die Führung durch das zwischen 1501 und 1542 erbaute Schloß ist nicht nur die Besichtigung von Prunk- und Privatgemächern inbegriffen, sondern auch eine Erklärung des „Royal Tennis" – das komplizierte Spiel der Könige hat mit dem üblicherweise als Tennis bezeichneten Sport nicht viel mehr gemeinsam als die Benutzung eines bespannten Schlägers.

An der Südküste von Fife reihen sich mehrere sehenswerte Fischerdörfer aneinander. Das größte ist **Anstruther,** das offiziell „United Burgh of Kilrenny, Cellardyke, Anstruther Easter and Anstruther Wester" heißt, aber von den Einheimischen nur „Ainster" genannt wird. Das *Scottish Fisheries Museum* am Hafen (🕓 Mo–Sa ab 10 Uhr, So April–Okt. ab 11 Uhr, Nov. bis März ab 14 Uhr) informiert anschaulich über Geschichte und Praxis der Fischerei an dieser Küste und zeigt auch zwei echte Fischerboote, die beim Museum vertäut liegen. Im Sommer kann man von Anstruther aus Bootsausflüge zu den Papageitauchern auf der Isle of May unternehmen. Empfehlenswert ist auch der 6 km lange Küstenweg von Anstruther zum malerischen Hafen von Crail (die gute Busverbindung zwischen den Orten erleichtert die Rückkehr zum eigenen Transportmittel).

St. Andrews dürfte den meisten Leuten als die weltweit berühmte „Heimat des Golfspiels" bekannt sein. Der 1754 gegründete „Royal and Ancient Golf Club" gilt als Autorität in allem, was Regeln und Geschichte des Sports angeht, und ein Besuch im *British Golf Museum* gegenüber dem Clubhaus (🕓 Mai bis Okt. tgl. 10–17.30 Uhr, Nov. bis April: Mo geschlossen) ist für Enthusiasten unverzichtbar.

Aber der schmucke Ort hat natürlich noch anderes zu bieten: Er beherbergt die älteste und angesehenste Universität Schottlands, deren Studenten im Alltag das Straßenbild bestimmen. St. Andrews war ab dem zehnten Jahrhundert Sitz des mächtigsten Bischofs in Schottland, und die Ruine der einst größten Kathedrale des Landes, der ***St. Andrews Cathedral* am Ende der South Street, vermittelt bis auf den heutigen Tag einen Eindruck von ihrer mittelalterlichen Pracht.

ℹ TIC, 70 Market Street,
☎ 0 13 34/47 20 21.

Ⓗ **St. Andrews Old Course Hotel,**
☎ 0 13 34/47 43 71, FAX 47 76 68.
Ein Luxushotel auf dem berühmten Golfplatz. $))

Ⓡ Man kann in St. Andrews bestimmt gut essen, aber wer sich etwas Besonderes gönnen möchte, sollte die wenigen Kilometer nach Südwesten ins Örtchen *Peat Inn* fahren. Lobeshymnen auf das gleichnamige Etablissement (☎ 0 13 34/84 02 06 – Tisch buchen! Kredit aufnehmen!) an der einzigen Kreuzung (B 940/B 941) fehlen in keinem Restaurantführer. $))

Die Halbinsel Fife verläßt man in nördlicher Richtung über die Tay-Brücke, die in die viertgrößte Stadt Schottlands führt, nach **Dundee**. Niemand braucht sich dort länger als not-

DER OSTEN
ROUTE 2
0
30 Meilen
0
30 Kilometer
N
NORDSEE
Wick
Latheron
Branderburgh-
Lossiemouth
Cromarty
Nairn
Elgin
Banff
Macduff
Fraserburgh
Keith
Culloden
Moor
Inverness
Loch Ness
Findhorn
Craigellachie
Spey
Dufftown
Huntly
Peterhead
Speyside
Stone
Circle
Glenlivet
Inverurie
Orkney Islands
Tomintoul
Loch
Garten
Aviemore
CAIRNGORMS
Ben Macdui
1309
Ben Avon
1171
Aberdeen
Banchory
GRAMPIAN MOUNTAINS
Balmoral
Castle
Mt. Keen
938
Dee
Stonehaven
Dunnottar
Castle
Fasque
Pass of
Drumochter
Beinn-á Ghlo
1119
Angus
Pass of Killiecrankie
Pitlochry
Schiehallion
1081
House of
Dun
Montrose
Glamis
Castle
Forfar
Arbroath
Dundee
Perth
Firth of Tay
Crieff
R. Earn
St. Andrews
Falkland
Palace
Fife
Crail
Anstruther
Pittenweem
Stirling
Castle
Dollar
Kinross
Stirling
Dunfermline
Kirkcaldy
Burntisland
Firth of Forth
North Berwick
Falkirk
Linlithgow
Edinburgh
Haddington
Glasgow
Whitburn
Carlisle

2

Seite
61

2

Seite 61

wendig aufzuhalten, es sei denn, um die beiden Museumsschiffe im Hafen zu besuchen: Die *RRS Discovery* diente dem Südpolarforscher Robert Falcon Scott 1901–1904 als Expeditionsschiff; die *HMS Unicorn* ist eine 1824 vom Stapel gelaufene Fregatte mit 46 Kanonen, auf der man sich ein gutes Bild von den grauenhaften Verhältnissen machen kann, die Seeleute jener Zeit erdulden mußten. Dundee könnte man ein wenig zynisch als uferlose Vorortsiedlung mit einem Einkaufszentrum in der Mitte beschreiben – die architektonische Vergangenheit der Stadt ist gründlicher als anderswo ausgelöscht worden.

ℹ TIC, 4 City Square,
☎ 0 13 82/43 46 64.

Nördlich von Dundee, eingebettet in die sanft gewellten Landschaft von Angus, der Heimat der berühmten Rinderrasse, liegt **Glamis** (gesprochen: „Glahms"). Das *Angus Folk Museum* (🕓 Ostern u. Mai–Sept. tgl. ab 11 Uhr; letzte Führung 16.30 Uhr) besteht aus einer Reihenhaussiedlung des frühen 19. Jahrhunderts. Die sorgfältig ausgestatteten Innenräume geben einen Einblick in den Alltag der arbeitenden Bevölkerung jener Zeit.

Deren Lebensumstände lassen sich wunderbar mit denen des Hochadels vergleichen, wenn man anschließend * *Glamis Castle* inmitten seiner üppigen Gärten besucht (🕓 Mitte April bis Mitte Okt. tgl. ab 12 Uhr). Der Sitz der Familie Bowes-Lyon, wo die gegenwärtige Königinmutter ihre Jugend verbrachte und Prinzessin Margaret geboren wurde, ist mit allem erdenklichen Pomp ausgestattet. Der um 1370 in seinen Grundzügen entstandene Bau wurde im 17. Jahrhundert zu einem prachtvollen Herrensitz erweitert. Es heißt, daß hier mehr Gespenster umgehen als in jedem anderen Gebäude in Schottland.

Montrose präsentiert sich als hübscher, freundlicher Ort an der Nordseeküste mit einem betriebsamen Hafen. Seine ungewöhnliche Lage auf der Landzunge, die das Montrose Basin vom Meer abschneidet, läßt ihn besonders im Winter zur Pilgerstätte für Vogelkundler werden, denn ab November fallen hier riesige Scharen von Wildgänsen aus der Arktis ein. Wintersportler auf dem Weg in die Cairngorms sollten den Abstecher wagen: An einem frosthellen Tag von der Bridge of Dun auf dem Deich am Fluß entlang zu seiner Mündung in die Lagune zu stapfen und dabei immer lauter das ständige Schnattern und Schimpfen zu hören, während über einem Hunderte von Vögeln im Landeanflug kreisen – das bietet kaum ein anderer Skiurlaub.

ℹ TIC, The Library, High Street,
☎ 0 16 74/ 67 20 00; nur in der Sommersaison.

Von Montrose aus kann man ins Landesinnere abzweigen, um zwei sehenswerte Herrenhäuser zu besuchen. Nur 6 km westlich von Montrose liegt das **House of Dun** inmitten bewaldeter Ländereien mit ausgeschilderten Spazierwegen. Das Haus selbst ist ein eher bescheidenes, aber makelloses Beispiel für den Klassizismus der Architektenfamilie Adam (🕓 Ostern u. Mai–Okt. tgl. 13.30–17.30 Uhr, Gärten ganzjährig ab 9.30 Uhr). Wie bei allen Bauten der Adams ist die Innenausstattung überaus stilvoll.

Fasque House nördlich von Fettercairn kann als perfekte „Wohnmaschine" für die Freizeitvergnügungen viktorianischer Großbürger angesehen werden (🕓 Mai–Sept. tgl. 11–17.30 Uhr). Zu besichtigen sind neben dem Rotwildpark beim Haus beispielsweise der Küchentrakt und die Dienstbotenquartiere. Die Memorabilien in den eleganten Räumen der Herrschaft sind für all jene, die sich für die Geschichte des 19. Jahrhunderts interessieren, von ganz besonderer Bedeutung. Ab 1829 gehörte das Anwesen der Familie Gladstone, und deren berühmtester Sproß wohnte hier, wenn er sich nicht gerade in seiner offiziellen Londoner

2

Seite 61

Residenz aufhielt – William Ewart Gladstone war zwischen 1868 und 1894 nicht weniger als viermal britischer Premierminister. Er galt im 19. Jahrhundert als bedeutendster liberaler Staatsmann Europas und entscheidender Gegenspieler Bismarcks.

** **Dunnottar Castle** vor der Küste bei Stonehaven bietet ganz andere Eindrücke (🕓 April–Okt. Mo–Sa 9 bis 18 Uhr, So ab 14 Uhr; Nov.–März nur Mo–Fr). Die ausgedehnte Ruine, deren älteste Gebäude aus dem 14. Jahrhundert stammen, hat zwar auch ihre historische Bedeutung, aber überwältigt ist man erst einmal von ihrer Lage auf dem steil ins Meer abfallenden Felsen; der Anblick ist so einzigartig, daß er mit Recht zu den meistfotografierten in Schottland gehört.

Fischerboote im Hafen von Anstruther

Am pittoresken Hafen von **Stonehaven** kann man im *Tolbooth Restaurant* im ältesten Gebäude beste Fischgerichte und Vegetarisches genießen (☎ 0 15 69/ 76 22 87, $).

Im Landesinneren gelangt man nun in die Region, die sich dank der königlichen Residenz **Balmoral** „Royal Deeside" nennen darf. Ein heißer Tip für Monarchisten und andere Schaulustige: Zu erreichen ist das 1855 fertiggestellte Schloß auf der A 93. Der Ballsaal und die Gärten sind von Mai bis Juli Mo–Sa ab 10 Uhr zu besichtigen. Regelmäßig verbringt die Königsfamilie hier den Spätsommer (dann ist das Anwesen für die Öffentlichkeit tabu) und besucht am 1. Samstag im September das Highland Gathering in Braemar.

Die Ruine der St. Andrews Cathedral

Die Atmosphäre des Ortes **Banchory** ließe sich mit den Worten „solide Ehrbarkeit" umschreiben. An der Hauptstraße reihen sich gutbürgerliche Antiquitätengeschäfte aneinander, statt Whisky wird hier Lavendel für Parfüm destilliert (Fa. Ingasetter: Führungen wochentags ab 9 Uhr; Laden).

Ein Highland-Rind, kleiner als das schwarze Angus-Rind

2

Seite 61

Raemoir House, 0 13 30/ 82 48 84, 82 21 71, oder auch das **Banchory Lodge Hotel** (0 13 30/82 26 25, 82 50 19) bieten Reisenden hier Balmoral-Ersatz. In beiden fällt das einfache Leben nicht gerade billig aus. $$

Immer geradeaus in nördlicher Richtung geht es nun nach **Inverurie.** Im kleinen *Museum* in der Town Hall (dem Rathaus; tgl. außer Mi/So ab 10 Uhr) sind archäologische Funde ausgestellt, und in der Umgebung wimmelt es von vor- und frühgeschichtlichen Zeugnissen. Gepflegte Wanderwege führen durch Wald und Hochmoor zum 530 m hohen Hügel und Aussichtsgipfel *Bennachie* (Anfahrt über die B 9002 nordwestlich von Inverurie). Auf dem Nebengipfel von Mither Tap befindet sich ein gut erhaltenes eisenzeitliches Fort. Entlang aller Straßen, die nach Norden und Westen aus Inverurie hinausführen, weisen Schilder auf piktische und andere Stätten hin: *Brandbutt Stone* an der A 96, *Picardy Stone* an der B 9002 mit piktischen Symbolen, der Steinkreis von Loanhead an der B 9001.

TIC, Rathaus am Markt, 0 14 67/62 06 00; nur im Sommer.

Wenn man (vorzugsweise auf Nebenstraßen) die üppig grüne Landschaft der alten Grafschaft Buchan durchquert hat, ist in **Fraserburgh** wieder die Küste erreicht. Der Ort selbst wirkt nicht besonders freundlich. Um so einladender ist der 5 km lange Sandstrand in der Bucht, mehrmals für seine Sauberkeit ausgezeichnet. Der Leuchtturm von *Kinnaird Head* wurde 1787 errichtet, indem man einfach den Turm der dortigen Burg umbaute – er gilt als ältester in Schottland.

Von hier aus fährt man an der Nordküste entlang über Rosehearty mit seinem schönen Campingplatz am Meer und der imposanten Ruine von *Pitsligo Castle,* vorbei an den Klippen von Pennan Head und Troup Head und durch den kleinen Hafen Macduff. Der Ort **Banff** hat sich trotz heftigen Reiseverkehrs eine gewisse Aura stiller Gediegenheit bewahrt, die nicht zuletzt auf mehrere Bauten der Architektenfamilie Adam zurückzuführen ist: Das schlichte *Town House* (1767) stammt von John oder James Adam, von William Adam das als *Banff Castle* bekannte Stadtpalais, ebenso das elegante *Duff House* am Hügel südlich des Zentrums (Ostern–Okt. tgl. außer Di 10–17 Uhr).

Wer sich von der Küste losreißen kann, sollte von Banff aus in südwestlicher Richtung die unzähligen Destillen am „Malt Whisky Trail" ansteuern. Die pagodenartigen Kamindächer der Malzdarren werden um die Ortschaften Keith und Dufftown herum bald zum vertrauten Anblick, und viele Brennereien heißen Touristen zu Führungen und Pröbchen willkommen – besonders gut auf Besucher eingerichtet sind *Glenfiddich* in Dufftown (ganzjährig werktags ab 9.30 Uhr, April–Okt. auch Sa/So) und *Glenlivet* nahe dem gleichnamigen Dorf (April–Okt. werktags ab 10 Uhr, Juni–Sept. auch Sa). Den besten Single Malt Whisky der Region produziert wohl die Brennerei *Cragganmore* in Ballindalloch am Spey (unter 0 18 07/50 02 02). Südlich von Glenlivet, mitten in den Grampian Mountains, sollte man in *Tomintoul* haltmachen, einem der höchstgelegenen Dörfer der Highlands, um zu verschnaufen, sich die Gegend in Ruhe anzusehen und vielleicht einen Spaziergang am Fluß und auf die Anhöhen zu unternehmen. Westwärts geht es nun ins Spey-Tal zurück.

Die Ortschaft **Boat of Garten** hat sich ganz auf Tourismus eingestellt (zum Essen und Übernachten empfiehlt sich das preiswerte *Heathbank House,* 0 14 79/83 12 34; $). Hier im Tal befördern A 9 und A 95 das ganze Jahr hindurch Wanderer, Bergsteiger und Kletterer, Rad- und Kanufahrer, Angler und Golfspieler sowie bei Schneefall Skifahrer in die Zentren von Aviemore und Cairngorm. Das Naturschutzgebiet von *Loch Garten* ist berühmt für die ständige Bewachung, die man dort den letzten Fischadlern Schottlands angedeihen läßt. Die Dampfloks der *Strathspey Railway* ziehen im Sommer Waggons voller Touristen über die landschaftlich schöne Strecke zwischen Boat of Garten und Aviemore, und am „Ski Road" (von Coylumbridge zu den Cairngorm-Liften) liegt der Glen More Forest Park.

Glamis Castle, eine Attraktion nicht nur für Monarchisten

Man sollte sich nun einige Kilometer weit der Hauptstraße in Richtung Inverness anvertrauen (für Radfahrer geeignete Nebenstraßen sind hier leider rar). Von der A 9 ist die Abzweigung zum Schlachtfeld von **Culloden** ausgeschildert. Nachdem diese Route am Anfang zum Schauplatz eines entscheidenden Sieges geführt hat, endet sie nun am Ort jener vernichtenden Niederlage, mit der die Hoffnung auf schottischen Einfluß auf die britische Monarchie endgültig verspielt war.

Loch Ness mit der Ruine von Urquhart Castle

Am 16. April 1746 wurde hier die letzte Schlacht auf britischem Boden ausgefochten, zwischen etwa 5000 erschöpften Highlanders unter Führung des Stuart-Thronprätendenten „Bonnie Prince Charlie" und 9000 Mitgliedern der Elitetruppen des Herzogs von Cumberland. Der vorausgegangene Feldzug hatte die Hochland-Schotten allzuviel Kraft gekostet, und Cumberlands Truppen waren weitaus besser ausgerüstet und geführt. 1200 Highlanders sollen in der Schlacht gefallen sein, und Cumberland erwarb sich den Beinamen „Butcher" (Schlächter), als er befahl, die auf dem Feld zurückgebliebenen Verwundeten und Schaulustige niederzumetzeln. Das Besucherzentrum ist ganzjährig geöffnet (🕓 April–Okt. ab 9 Uhr, sonst ab 10 Uhr), aber der beste Eindruck läßt sich frühmorgens auf dem Gelände selbst gewinnen: Wenn die in Abständen aufgestellten bunten Flaggen, mit de-

Das Nessie-Monument in Inverness wirkt überraschend echt

2
Seite 61

nen die Stellungen der Truppen markiert sind, auf der leeren braunvioletten Heide im Wind flattern, läßt sich das Geschehen mit gespenstischer Präzision vor Augen führen.

2

Seite 61

Inverness, oft als „Hauptstadt der Highlands" bezeichnet und mit 38 000 Einwohnern die weitaus größte Stadt im hohen Norden, beherbergt die Behörden des riesigen, aber dünn besiedelten Highland-Bezirks. Hier gibt es die bestsortierten Geschäfte. Im Bahnhof treffen die Direktverbindungen aus Edinburgh und Aberdeen, die Strecke nach Kyle of Lochalsh im Westen und die einzige Bahnlinie nach Norden (Wick/Thurso) zusammen; entsprechend geschäftig wirkt der Ort.

ℹ TIC, Castle Wynd, Inverness IV2 3BJ; ☏ 0 14 63/23 43 53.
Ⓗ **Dunain Park** an der A 82, ☏ 0 14 63/23 05 12, FAX 22 45 32. Von den diversen anständigen Hotels sei hier nur dieses empfohlen: Die Unterbringung ist erstklassig, die Aufnahme von beispielhafter Freundlichkeit; das Essen wird zu Recht gelobt, könnte aber ein wenig übertrieben raffiniert wirken. ($))

Inverness heißt „Mündung des Ness", und wer dem Fluß in südwestlicher Richtung folgt, trifft auf die langgestreckte Wasserfläche des *Loch Ness*. Der Urheber des einen berühmten Fotos vom Ungeheuer hat zwar kurz vor seinem Tode gestanden, es gefälscht zu haben, aber das hat dem „Nessie"-Tourismus bislang keinen Abbruch getan – im Gegenteil: Neuerdings werden sogar U-Boot-Fahrten durch den See angeboten. Bootsausflüge an der Oberfläche kann man von Inverness, Fort Augustus oder Drumnadrochit aus unternehmen.

An der Hauptverkehrsstraße A 82 erhebt sich unübersehbar die Ruine von **Urquhart Castle** (🕓 April–Sept. tgl. 9.30–18.30 Uhr, Okt.–März Mo–Sa 9.30 bis 16.30, So 11.30–16.30 Uhr). Loch Ness ist wunderschön, aber trotz seiner Ausdehnung völlig überlaufen.

Route 3

Der Nordwesten: Ross & Cromarty/Sutherland/Caithness

Cromarty – Wick – Thurso – Durness – Ullapool – Kyle of Lochalsh (ca. 830 km)

Der hohe Nordwesten Schottlands ist unvergleichlich; keine andere Reise bereitet einen auf diese Landschaft vor. Bald nachdem man Inverness verlassen hat, werden die Abstände zwischen den Orten immer größer. Wenn man erst die wilde Atlantikküste im Westen erreicht hat, trifft man abseits der Hauptverkehrswege manchmal stundenlang auf keine bewohnte Behausung. Fjordartige Lochs dringen vom Meer her tief ins Land ein, und zusammen mit den zahllosen Süßwasserseen lassen sie manchmal den Eindruck aufkommen, das Land dazwischen sei hier eigentlich nur geduldet. Doch dann erhebt sich wieder ein massiver Felskegel wie der Suilven, der weithin seine Umgebung dominiert. Burgen und Schlösser sind rar, und es entsteht teilweise der Eindruck einer nie erschlossenen Urlandschaft (aber das täuscht).

Die Route folgt weitgehend dem Verlauf der Küste. Motorisierte Reisende sind in dieser Region im Vorteil: Züge verkehren nur an der Ostküste, Busse bedienen vorwiegend die Hauptstrekken, und Fahrradfahrer sollten recht fit sein, um sich hierherzuwagen. Man kann hier den Urlaub seines Lebens verbringen – doch sollte man die oft tragische Geschichte der Region und ihre drängenden Umweltprobleme nicht ignorieren.

Dunnottar Castle

3

Seite 75

Die Brücke über den Moray Firth nördlich von Inverness führt auf die Black Isle genannte Halbinsel, deren angenehme Landschaft mit dem Waldgebiet in der Mitte und schönen Stränden von allzuvielen eiligen Reisenden auf der Hauptverkehrsader A 9 vernachlässigt wird. Dabei sind die Vogelschutzgebiete von *Munlochy Bay* und *Udale Bay* mit ihren diversen Stelzvogelarten bei einschlägig Interessierten gut beleumundet, und das in den letzten Jahren für den Tourismus herausgeputzte Fischerdorf **Cromarty** an der Nordostspitze ist ausgesprochen ansehnlich. Wer all dies nicht versäumen möchte, sollte jenseits der Brücke bei erster Gelegenheit nach Norden abbiegen – man muß die Halbinsel nicht umrunden, sondern kann in Cromarty die Autofähre nach Nigg auf der Fearn-Halbinsel nehmen (tgl. alle halbe Stunde zwischen 9 und 18 Uhr). Unterwegs kann es passieren, daß einem eine Bohrinsel im Schlepptau begegnet – Invergordon und das Umland am Cromarty Firth sind zum Zentrum für den Bau und die Wartung dieser Monstren geworden.

Südlich der hübschen Ortschaft *Tain* führt die Hauptstraße A 9 um die Bucht des Dornoch Firth herum. Ein guter Einblick in das Leid der Landbevölkerung zur Zeit der Highland Clearances (s. S. 14) läßt sich gewinnen, wenn man in Ardgay auf den Fahrweg abbiegt, der im Tal von Strathcarron bis zur kleinen Kirche von *Croick* führt. Hier suchten im Frühjahr 1845 einige Familien Unterschlupf, die gewaltsam von ihrem Pachtland in Glencalvie vertrieben worden waren. Die Mitteilungen und Klagen, die sie ins Fensterglas der Kirche geritzt haben, sind bis heute gut lesbar.

Wie dicht bevölkert diese heute einsame Gegend damals war, kann man auch daran ermessen, daß 1854 hier bei *Wester Gruinards* siebzig Frauen (deren Männer teils in den schottischen Regimentern im Krimkrieg kämpften, teils davongelaufen waren) einer der letzten Räumungen der Grafschaft zu widerstehen versuchten, bis sie von Landagenten und Konstablern zusammengeschlagen wurden – zeitgenössische Berichte sprechen von zwanzig schwerverletzten Frauen.

Wichtigstes Attribut des netten kleinen Ortes **Dornoch** am Nordufer der Bucht ist sein *Hauptplatz* mit der restaurierten Kirche und den Resten des Bischofspalasts aus dem 16. Jahrhundert (heute Teil des angenehmen *Dornoch Castle Hotel*, ☎ 0 18 62/81 02 16, FAX 81 09 81; $$) – abgesehen von dem berühmten Golfplatz *Royal Dornoch* auf den Dünen im Süden. Hier wird seit dem frühen 17. Jahrhundert Golf gespielt, und die gegenwärtige Anlage, 1877 vom legendären Tom Morris sen. entworfen, gehört zu den am wenigsten geheimen Geheimtips unter Golfspielern. Sie ist für Gäste ohne weiteres zugänglich (Büro: ☎ 0 18 62/81 02 19).

ℹ TIC, The Square, ☎ 0 18 62/ 81 04 00.

Von hier geht es immer an der Ostküste entlang nach Norden. Wer unter Entzugserscheinungen leidet, wenn er nicht täglich ein Prachtschloß besichtigen kann, sollte hinter Golspie noch ***Dunrobin Castle** aufsuchen (🕓 Ostern bis Ende Mai Mo–Sa 10.30–16.30 Uhr, So 13–16.30 Uhr; Juni–Sept. tgl. 10.30 bis 17.30 Uhr; Gärten ganzjährig ab 9.30 Uhr). Der Sitz der Herzöge von Sutherland, die bei den Highland Clearances eine führende Rolle spielten, ist angefüllt mit prunkvollen Kunstgegenständen und Einrichtungsstücken. Das ursprüngliche Gebäude aus dem 13. Jahrhundert wurde 1845–1850 zum protzigen „Château“ erweitert.

Der interessanteste Ferienort an dieser Küste ist **Helmsdale.** Einen unkomplizierten Eindruck von der Geschichte der Highlands vermittelt das *Timespan Centre* (🕓 Ostern bis Okt. Mo–Sa 10 bis 17 Uhr, So ab 14 Uhr) mit Tableaus, Geräuscheffekten und audiovisuellen Vorführungen. Das Leben von Pikten und Wikingern, der legendäre Mord in

Helmsdale Castle und die Clearances in der Umgebung werden dargestellt. Ein Schwerpunkt ist der Goldrausch vom Ende des 19. Jahrhunderts, als das Edelmetall im Strath of Kildonan gefunden wurde – im TIC werden „Goldrush Heritage Tours“ zu den Fundstätten angeboten. Helmsdale ist übrigens die letzte Eisenbahnstation an der Küste – die Trasse biegt nun ins wunderschöne Landesinnere ab und kehrt erst in Wick bzw. Thurso ans Meer zurück.

Die Kirche von Dornoch

3

Seite 75

ℹ TIC, Coupar Park bei der Brücke, ☏ 0 14 31/82 16 40; nur während der Sommersaison geöffnet.

Hinter dem Dorf Lybster gilt es auf die Abzweigung nach Camster/Watten zu achten. Auf dem Fahrweg kommt man zu den * *Grey Cairns,* zwei guterhaltenen, höchst eindrucksvollen Hügelgräbern aus der Zeit um 2500 v. Chr. Sie sind beschildert und teilweise auch begehbar. Südöstlich davon, nahe der Küstenstraße, liegt der * *Hill o' Many Stanes,* eine Anlage aus der frühen Bronzezeit. Die rund 200 Menhire sind fächerförmig aufgestellt – ihre genaue Funktion ist bis heute unklar.

Dunrobin Castle – innen so prachtvoll wie außen

Wie eng der hohe Norden Schottlands mit skandinavischen Invasoren und Siedlern verbunden ist, läßt sich allein schon an den Ortsnamen ablesen, und nirgends eindeutiger als in **Wick.** Der Name leitet sich vom nordischen „Vik“ (Bucht, Mündung, Handelsplatz) her, das auch den Wortstamm von „Wikinger“ bildet. Wick ist eine geschäftige Ortschaft mit ca. 8000 Einwohnern und auf jede Menge Touristen eingerichtet. Im *Heritage Museum* wird man an-

Der Hafen von Helmsdale

schaulich über die Geschichte der Fischerei in der Region informiert. Wer sich heute am beschaulichen Hafen umsieht, wird den alten Fotos kaum Glauben schenken, die ihn mit Hunderten von Fischerbooten gefüllt zeigen – über 1100 Heringsboote sollen früher hier ausgelaufen sein.

ℹ TIC, Whitechapel Road, ☏ 0 19 55/60 25 96.

3
Seite 75

Nördlich von Wick lohnt sich ein Ausflug zum Leuchtturm von Noss Head. Daneben erheben sich auf den Klippen über Sinclair's Bay die benachbarten Ruinen von *Sinclair* und *Girnigoe Castle*, über die grausige Geschichten im Umlauf sind. So soll im 16. Jahrhundert der vierte Earl of Sinclair seinen Sohn verdächtigt haben, ihn umbringen zu wollen. Daraufhin ließ er den jungen Mann hier einkerkern, wo er angeblich sieben Jahre später „verlaust und verhungert" im Verlies starb – bis heute hört man, so heißt es, im Gemäuer sein Heulen und Stöhnen.

Am Hafen von **John o' Groats** werden Bootsausflüge nach Orkney, zur vorgelagerten Insel Stroma und zu den Klippen von Duncansby Head angeboten. In die Rundfahrt inbegriffen sind wildromantische Felsformationen, Seehunde, riesige Vogelkolonien – und erheblicher Seegang, der Anfälligen den ganzen Tag verderben kann. Zwar wird immer der Name John o' Groats genannt, wenn von der Nordspitze des britischen Festlands die Rede ist, aber in Wirklichkeit ist dieser Punkt erst hoch über der Brandung am *Dunnet Head* erreicht, wo man bei klarer Witterung weit übers Meer hinaus bis nach Orkney blicken kann.

Die Landschaft an der Nordküste Schottlands gehört zum Spektakulärsten, was man in Europa zu sehen bekommt. Die Hauptstraße entfernt sich immer wieder von der Küste, und man müßte eigentlich in jede Nebenstraße zur Rechten einbiegen, wenn man sich nicht der immer neuen Ausblicke auf einsame Buchten, hoch aufragende Felstürme, tosende Brandung, Seevögel im Aufwind und ferne Inseln im Dunst berauben will. Auf keinen Fall versäumen sollte man an der Strecke zwischen John o' Groats und Durness die Abzweigungen nach Strathy Point, Armadale, Torrisdale/ Skerray und Talmine/Midfield.

Zu den attraktivsten Orten dieses Küstenstrichs gehört das Städtchen **Thurso,** mit guten Einkaufsmöglichkeiten und dem Hafen Scrabster, von wo die Autofähre nach Stromness auf der Orkney-Hauptinsel ablegt. In der Nähe läßt es sich im *Forss House Hotel* angenehm übernachten (9 km westlich von Thurso an der A 836; ☏ 0 18 47/ 86 12 01, FAX 86 13 01; $)). Nicht unerwähnt bleiben darf die Atomanlage von Dounreay (deren Beschäftigten Thurso die gut bestückten Läden verdankt). Der „Schnelle Brüter" wurde im März 1994 endgültig abgeschaltet, und 1997 soll auch die Wiederaufbereitung von Atommüll am gleichen Standort eingestellt werden. Allerdings stößt das bei der einheimischen Bevölkerung nicht auf ungeteilten Beifall: Es werden in einer dünn besiedelten Region mit überdurchschnittlich hoher Arbeitslosigkeit mehr als 850 Arbeitsplätze verlorengehen, für die keinerlei Ersatz in Aussicht steht.

ℹ TIC, Riverside, ☏ 0 18 47/89 23 71; nur während der Sommersaison geöffnet.

Bettyhill ist ein hübsches Dorf in herrlicher Umgebung, mit der Pflanzen- und Vogelvielfalt des *Invernaver Nature Reserve* jenseits der kleinen Bucht. Das *Strath Naver Museum* (🕓 Mai bis Sept. Mo–Sa ab 10 Uhr) in einer ehemaligen Kirche gibt einen guten Einblick in die Geschichte der Clearances im Tal südlich des Orts. Wer genug Zeit hat, sollte den Abstecher von ca. 60 km Länge nicht versäumen.

Die Fahrt durch das geschichtsträchtige Strathnaver führt zur Wegkreuzung am Ende des Loch Naver, wo einen das großartig gelegene und auch sonst nicht zu verachtende *Altnaharra Hotel* erwartet (☏/℻ 0 15 49/41 12 22; $). Von hier kann man entweder auf der Straße direkt nach Norden zur Küste bei dem netten Örtchen *Tongue* zurückkehren oder auf dem abenteuerlich wirkenden Fahrweg in nordwestlicher Richtung direkt am Fuß von *Ben Hope*, Schottlands nördlichstem Munro (vgl. S. 22). Die Wanderung zu dem 927 m hohen Gipfel ist lang, beschwerlich und nur in geeigneter Ausrüstung zu empfehlen, aber die Aussicht kann für alle Mühe entschädigen.

Heidelandschaft am Hill o' Many Stanes

Entlang der tief ins Land eingeschnittenen, schmalen Bucht des idyllischen *Loch Eriboll* geht die Fahrt weiter nach **Durness** (ℹ TIC im Ortsteil Sango, an der Hauptstraße, ☏ 0 19 71/51 12 59, nur während der Sommersaison). Hier gibt es einige besondere Sehenswürdigkeiten: die eindrucksvolle Kalksteinhöhle von *Smoo Cave*, deren hohe äußere Kammer ohne weiteres zu begehen ist, die Kunsthandwerkerkolonie von *Balnakeil* und natürlich die Klippen von Clo Mor am ** *Cape Wrath*. Das Kap ist von Keoldale aus nur mit einer Personenfähre und anschließender dreißigminütiger Fahrt im Minibus zu erreichen – eigenmächtiges Umherwandern wird nicht gern gesehen, da die ganze Gegend den britischen Streitkräften als Schießplatz dient –, aber was für eine Aussicht bietet es! Für engagierte Fußgänger ist in Schottland keine schönere Wanderung zu empfehlen als die von Cape Wrath südwärts bis Kinlochbervie. Vorsicht ist jedoch geboten: Die 28 km lange Wegstrecke ist einsam und größtenteils weitab von jeder befahrbaren Straße – es gibt keine Möglichkeit, die Wanderung abzubrechen. Aber dafür führt sie am legendären Strand von Sandwood Bay entlang, den kein Autofahrer je zu Gesicht be-

Die Ruinen Sinclair und Girnigoe

Die steilen Klippen sind ihr Lebensraum

3
Seite 75

kommt. Vom äußersten Ende des Fahrweges, der hinter Kinlochbervie aus dem Süden heranführt, sind es bis Sandwood Bay immer noch sieben Kilometer zu Fuß (ausgeschildert von Balchrick – man rechne drei Stunden hin und zurück), wodurch die Bucht zuverlässig vor übermäßigem Andrang geschützt ist. Und das ist auch gut so: Hier kommen nämlich die Meerjungfrauen der Gegend zum Ausruhen an Land, was durch Augenzeugenberichte von Schäfern unzweifelhaft belegt wird.

3
Seite 75

Von nun an geht die Fahrt an der Westküste in Richtung Süden, und es gilt die gleiche Warnung wie für die Nordküste: Wer die kleinen Fahrwege ignoriert und sich an die gut ausgebaute Hauptstraße hält, muß sich die Frage gefallen lassen, ob er an den wahren Schönheiten Schottlands nicht interessiert sei.

Von *Tarbet* nördlich des kleinen Ferienorts Scourie werden Bootsausflüge zum Vogelschutzgebiet auf *Handa Island* angeboten. Die fünfzehnminütige Überfahrt (April bis Sept. tgl. außer So) bringt die Besucher auf Tuchfühlung mit Tausenden von Möwen, Lummen, Tordalken, Eissturmvögeln und Kormoranen.

Hinter der Brücke bei Kylestrome (bis 1984 wurde man von hier aus noch mit einer romantischen Fähre übergesetzt) biegt die B 869 zum Point of Stoer und nach **Lochinver** ab (TIC an der Hauptstraße, ☎ 0 15 71/84 43 30). Das *Riverside Bistro* am Dorfeingang an der Hauptstraße bietet Schmackhaftes auch für Vegetarier ($). Allgemein gelobt werden Kost und Logis im Hotel *The Albannach,* ☎/FAX 01 57/84 44 07, $$) in Baddidarach, 2 km außerhalb von Lochinver.

Lochinver verläßt man am besten auf dem Fahrweg, der sich zwischen der Küste und dem eindrucksvollen Kegelberg *Suilven* entlang windet. Diese Wegstrecke wird in so vielen Reiseführern als Quintessenz der Highland-Westküste beschrieben, daß sie längst kein Geheimtip mehr ist und man in der Hauptsaison mehr Verkehr zu erwarten hat, als der einspurigen Straße mit Ausweichstellen guttut. Aber das macht die Beschreibung nicht weniger richtig, die Route nicht weniger schön. Der Suilven wird alljährlich von vielen Bergwanderern erklommen; der Aufstieg ist nicht schwierig, aber lang – Geübte müssen vom nächstgelegenen Parkplatz (Glencanisp) aus hin und zurück mit acht Stunden rechnen.

Auf der Halbinsel Coigach angekommen, biegt man nach rechts ab, um zum Strand an der Enard Bay bei *Achnahaird* zu gelangen (mit einem wunderschön gelegenen Campingplatz).

Im Süden der Halbinsel liegt ***Achiltibuie,** ein langgestreckter Ort mit Aussicht auf die Inselgruppe der Summer Isles; hier empfiehlt sich dringend der Aufenthalt im *Summer Isles Hotel* (☎ 0 18 54/62 22 82, FAX 62 22 51; $$), das seinen hervorragenden Ruf völlig zu Recht genießt, nicht zuletzt wegen der guten Küche und der freundlichen Atmosphäre. Gleich neben dem Hotel befindet sich das *Hydroponicum,* das oft als „Garten der Zukunft" beschrieben wird (April–Okt. tgl. Führungen um 10, 12, 14 und 17 Uhr). Hier werden exotische Pflanzen in regelbarem Mikroklima und in Hydrokulturen herangezogen. Die nötige Energie wird mit Solarzellen gewonnen.

Von Achiltibuie muß man auf die Hauptstraße zurückkehren, um den Weg nach Süden fortzusetzen. Wer das Informationszentrum des Naturschutzgebiets von *Inverpolly* mit seinem Lehrpfad besuchen will (bei Knockan; 🕓 Mai–Sept. Mo–Sa ab 10 Uhr), muß auf der A 835 nach Norden abbiegen.

Südwärts geht die Fahrt zum Hauptort der Region, **Ullapool.** Zur Hauptreisezeit ist es hier oft voll, aber Ullapool hat auch einiges zu bieten, darunter den Campingplatz auf der Landspitze, die mitten im Ort in den Loch Broom hinausragt. Gleich oberhalb davon befindet sich *Ceilidh Place*, ein leicht exzentrischer, aber höchst angenehmer Betrieb, der Restaurant und Café, Hotel und Veranstaltungszentrum vereinigt (West Argyle Street, ☏ 0 18 54/61 28 86; ($)), und am anderen Ufer des Loch Broom der berühmte *Altnaharrie Inn* (☏ 0 18 54 /63 32 30; acht Fremdenzimmer; ($$)), das einzige Restaurant in Schottland mit zwei Michelin-Sternen und eines der wenigen, die nur per Boot zu erreichen sind – was zusammen mit den Preisen dem exklusiven Unternehmen Laufkundschaft vom Hals hält.

Unbedingt zu empfehlen sind die Bootsausflüge zu den *Summer Isles* (mehrere Veranstalter am Hafen), bei denen es neben der wunderschönen Landschaft Kormorane, Seehunde, (mit ein wenig Glück) Delphine und (mit sehr viel Glück) einen Wal zu sehen gibt. Von Ullapool verkehrt auch die Autofähre nach Stornoway auf der Hebrideninsel Lewis (Mo–Sa dreimal pro Tag, die Überfahrt dauert 3 1/2 Std.).

ℹ TIC, West Shore Street am Hafen, ☏ 0 18 54/61 21 35, nur im Sommer.

Die fjordartigen Buchten reichen in dieser Gegend so weit ins Land hinein, daß die Fahrt entlang der Küste viele Umwege bedingt, aber dafür tun sich hinter jedem Hügel als Entschädigung neue Ausblicke auf. Und manchmal muß man aufpassen, um nicht eine echte Sehenswürdigkeit zu versäumen, wie z. B. die ***Inverewe Gardens** am Loch Ewe (nördlich von Poolewe; ◷ Park ganzjährig ab 9.30 Uhr; Besucherzentrum April–Okt. tgl. 9.30–17 Uhr; Führungen April–Okt. tgl. 13.30 Uhr).

Auf diesem Landvorsprung soll nichts außer einer einzigen Weide gewachsen sein, ehe Osgood Mackenzie hier 1862 einen Garten mit exotischen Pflanzen aus aller Welt anzulegen begann, der heute zu den größten Touristenattraktionen der Küste gehört. Das Areal umfaßt über 20 ha, und wer alle die gepflegten Spazierwege abgehen will,

Die eindrucksvollen Klippen von Cape Wrath

Abendstimmung auf der Halbinsel Coigach

Die Inverewe Gardens am Loch Ewe

3

Seite 75

DER NORDWESTEN UND DIE HEBRIDEN
ROUTEN 3 UND 4
0
30 Meilen
0
30 Kilometer
N
ATLANTISCHER OZEAN
Lionel
Arnol
Shawbost
Uig
Bernera
Stornoway
Portnan Giuran
Timsgarry
Callanish
4
Äußere
Lewis
The Minch
Reiff
Summer Isles
Tarbert
Harris
Leverburgh
Hebriden
Inverewe Gardens
Gair-loch
Loch Ma
Kilmuir
Duntulm Castle
Quirang
Uig
Balranald
North Uist
Lochmaddy
Barpa Langass
Pobull Fhinn
The Little Minch
The Storr
719
Dunvegan Castle
Dunvegan
Applecross
Benbecula
Portree
Skye
Plockton
Kyle of Lochalsh
Eilea Dona Castl
South
Innere
Broadford
Kyleakin
Uist
Lochboisdale
Sea of the Hebrides
Cuillin Hills
1009
Elgol
Ludag
Hebriden
Clan Donald Centre
Barra
Castlebay
Rhum
Point of Sleat
Mallaig
Kisimul Castle
Oban

Orkney-Inseln
Dunnet Head
John o'Groats
Stroma
Duncansby Head
Cape Wrath
Durness
Dounreay
Thurso
Armadale
Farr
Bettyhill
Sinclair Castle
Girnigoe Castle
Wick
Sheigra
Kinlochbervie
Tongue
Handa Island
Camster
Scourie
Latheron
Strathnaver
Kildonan
Lochinver
Ben More Assynt 998
Suilven 731
Loch Shin
Helmsdale
Lairg
Achiltibuie
Dun Canna Broch
Dunrobin Castle
NORDSEE
Dornoch Castle
Dornoch
Ullapool
Beinn Dearg 1081
Branderburgh-Lossiemouth
Elgin
Aberdeen
Cromarty
Dingwall
Nairn
Findhorn
Craigellachie
Inverness
NORTHWEST HIGHLANDS
Glass
Urquhart Castle
Loch Ness
Carn Odhar 798
Aviemore
Braemar
GRAMPIAN MOUNTAINS
Pass of Drumochter
Loch Ericht
Fort William
Glasgow
Edinburgh

3

muß sich dafür mehrere Stunden Zeit nehmen.

Der Ort **Gairloch** hat sich seit dem 19. Jahrhundert ganz auf den Tourismus eingestellt. Sein preisgekröntes *Heritage Museum* bringt einem die Lebensumstände der Bewohner dieser Region seit der Steinzeit nahe; im *Mountain Restaurant* ($) kann man sehr anständig essen, v. a. vegetarisch. Es lohnt sich im übrigen, die Nebenstraßen zu den Stränden und Aussichtspunkten nicht zu vernachlässigen: Die B 8021 führt in nördlicher Richtung zu den treffend benannten „Big Sands", und auf der B 8056 im Süden erreicht man *Redpoint*, von wo man einen großartigen Ausblick auf die Insel Skye genießen kann.

3

Seite 75

ℹ TIC, Ortsteil Auchtercairn, an der Kreuzung; ☎ 0 14 45/71 21 30.

Der *Loch Maree* südöstlich von Gairloch genießt den Ruf, der schönste See in Schottland zu sein. Darüber ließe sich natürlich streiten, aber häßlich ist die Landschaft hier jedenfalls nicht. In Talladale befindet sich das bei Anglern beliebte, aber auch sonst empfehlenswerte *Loch Maree Hotel* (☎ 0 14 45/ 76 02 88; $), und am Südende des langgezogenen Sees liegt das Besucherzentrum des ausgedehnten *Beinn Eighe National Nature Reserve*, das über Flora und Fauna des Naturschutzgebiets informiert und Ausgangspunkt für zwei Lehrpfade durch alten kaledonischen Forst ist.

Die Erkundung der Halbinsel Applecross beginnt bei dem idyllischen Ort **Shieldaig** (mit dem vielgelobten Pub und Hotel *Tigh-an-Eilan*, ☎ 0 15 20/ 75 52 51, $). Die einzige Straße führt (mit wunderbaren Ausblicken zu den Inseln Rona und Raasay) an der Küste entlang. Zwischen Straße und Ufer sind gelegentlich die verfallenen Reste von Wohnhäusern zu erkennen – obwohl man es heute kaum glauben mag, lebten hier in der ersten Hälfte des 19. Jahrhunderts nach Auskunft damaliger Kirchenbücher noch fast 2900 Menschen. In *Applecross* selbst zweigt ein Fahrweg ins Innere ab, der stetig ansteigt und schließlich auf der Paßhöhe des ****Beallach na Bà*** anlangt. Der gälische Name bedeutet „Paßstraße der Rinder" – über diesen atemberaubenden Pfad wurde früher das Vieh zum Markt getrieben. Heute versammeln sich hier die Autofahrer, um die grandiose Aussicht hinüber zur Bergwelt von Skye zu genießen, ehe sie die steile Fahrt ins Tal wagen.

Von der Südseite des Passes sieht man jenseits des Loch Carron die Ortschaft **Plockton** liegen, doch muß man noch viele Kilometer gewundener Straße um den Loch herum in Kauf nehmen, ehe sie erreicht ist. Der Charme von Plockton ist auf die Strandpromenade mit den zum Hügel hin aufgereihten, weiß und pastellfarben getünchten Häusern zurückzuführen. Die gestutzten Palmen gedeihen im milden Klima der windgeschützten Bucht, in der viele Segelboote vor Anker liegen. Südlich von Plockton, an der Hauptstraße nach Kyle of Lochalsh, liegt *Eilean Donan Castle* auf einem Felsen, der am Zusammenfluß der Lochs Duich, Alsh und Long aus dem Wasser aufragt. Lange stand hier eine Ruine, und erst zu Beginn des 20. Jahrhunderts wurde damit begonnen, die Burg zu restaurieren – heute gehört sie zu den meistfotografierten Motiven in Schottland.

Kyle of Lochalsh war mit seiner Fähre bis vor kurzem noch das Tor zur Insel Skye, aber die neue Brücke führt den Durchgangsverkehr am Ort vorbei. Die Brücke ist bei Einheimischen ebenso wie bei Besuchern umstritten. Wo früher die Burgruine von Castle Moil und die Aussicht über die Meerenge auf die Inseln das Panorama bestimmten, ist heute der Betonbogen unausweichlicher Blickfang. Die Gerichte haben mit über 100 Fällen von Bewohnern von Skye zu tun, die sich ständig weigern beim Überqueeren der Brücke die Maut zu entrichten – mit £5,20 je PKW (Sommer 96) ist sie die höchste in Europa.

Route 4

Die Hebriden: ** Skye und die Outer Hebrides

Skye – Harris – Lewis – North Uist – South Uist – Barra (ca. 580 km)

Loch Maree

Die Äußeren Hebriden sind fast ein Urlaubsziel für sich, nicht nur wegen der Anreise übers Meer, die außer Skye alle Inseln schwer erreichbar macht, sondern auch aufgrund ihres eigenständigen Charakters. Vom überwiegenden Teil des schottischen Festlands unterscheiden sie sich durch ihre Sprache und Landschaft. Der erste Teil der folgenden Route führt nach Skye, in die dramatische Bergwelt der Cuillins und zu den Zeugnissen einer wechselhaften Geschichte. Von Uig im Nordwesten geht es dann mit der Fähre nach Tarbert auf Harris. In weniger als zwei Stunden wird man in eine andere Welt versetzt: Alle Straßenschilder sind gälisch beschriftet, sonntags kommt das Inselleben zum Stillstand, und das Wetter ist selbst für schottische Verhältnisse unberechenbar. Weiter geht die Reise von Harris mit der Fähre nach North Uist, dann nach Benbecula und South Uist. Eine weitere kurze Überfahrt bringt einen nach Barra.

Die Red Cuillins

4

Seite 74

Ausblick von den Cuillin Hills

Auch wenn hier nicht alle bewohnten Inseln der Hebriden behandelt werden können, vermittelt die Route doch einen ersten Eindruck von den größten und besterschlossenen. Wer einmal den Anfang gemacht hat, wird es kaum dabei belassen.

Landschaft auf Skye

4

Seite 74

Kyleakin heißt der Ortauf der Landspitze, zu der die Skye-Brücke führt. Hier kommen die meisten Urlauber auf ** **Skye** an, aber dies ist nicht die einzige Möglichkeit, die Insel zu erreichen: Von Mallaig südlich von Skye verkehrt im Sommer siebenmal am Tag die Autofähre nach Armadale (Überfahrt ca. 30 Min.; Anschluß an Bahnverbindung von Glasgow/Fort William). Nur auf einspurigem Fahrweg von Shiel Bridge ist die kurze Fährverbindung Glenelg–Kylerhea zu erreichen – aber die Anfahrt gehört zu den schönsten in der Gegend, man kann (muß!) im Glenelg Inn einkehren, und wer ein übriges tun will, kann die seltsamen runden Steinbehausungen *(Glenelg Brochs)* aus dem ersten nachchristlichen Jahrhundert besichtigen.

Den Südosten von Skye bildet die Halbinsel *Sleat* („Sleht" gesprochen), das angestammte Land der MacDonalds. Im Armadale Castle informiert das *Clan Donald Centre* (⌚ April bis Okt. tgl. ab 9.30 Uhr) darüber, wie sie den Titel „Lords of the Isles" erwarben und zum bestorganisierten Clan der modernen Zeit wurden, dessen Angehörige aus aller Welt, v. a. aus Nordamerika, hierher pilgern.

Nördlich davon an der Küste kann man sich, wenn es der Kontostand erlaubt, im Dorf Isleornsay von der Frau des derzeitigen Clan-Chiefs bekochen lassen. Lady Claire MacDonald, Autorin mehrerer erfolgreicher Kochbücher mit schottischen Rezepten, waltet mit ihrem Mann im exklusiven *Kinloch Lodge Hotel* (☏ 0 14 71/83 33 33; $$$).

Wer die köstlichen Kalorien wieder abarbeiten möchte, kann an der Südspitze der Halbinsel einen schönen langen Spaziergang unternehmen (von der Kapelle in Aird of Sleat, wo der Fahrweg endet, auf dem Pfad hinterm Gatter bis zum Leuchtturm am Point of Sleat – hin und zurück etwa 9 km).

Direkt am Fuß von Bla Bheinn, einem eindrucksvollen Berg mit den berühmten ** *Cuillin Hills* im Hintergrund, geht es nach **Elgol.** Am Ende der Straße ist rechts ein Parkplatz. Aussteigen, tief Luft holen – erst einmal muß man sich in Ruhe umsehen. Voraus im Westen liegt die kleine Insel Soay, im Süden sind die „Small Isles" Rum und Canna zu erkennen, und im Nordwesten ragen die Cuillins empor. Im Sommer werden am Kai von Elgol Bootsfahrten über die Bucht des Loch Scavaig mitten hinein in die Bergwelt angeboten; am gegenüberliegenden Ufer kann man an Land gehen und zum * *Loch Coruisk* hinaufsteigen. Obwohl er nicht leicht zugänglich ist, wurde dieser See zu einem der berühmtesten Anblicke in Schottland, verewigt von Malern und Dichtern der Romantik. Walter Scott hat den Ort in seinem Versepos *The Lord of the Isles* beschrieben: „Denn kaum je tat sich Menschen kund / Ein Anblick wie von diesem grausen See / In seinem düstern Felsenrund / … / Kein grüner Flor, nicht Baum noch Strauch / Kein Pflanzenwuchs, kein Blütenhauch / Lindert der Augen Qual". Und William Turner hat die Passage in einem seiner dramatischsten Aquarelle illustriert („Loch Coruisk, Skye", National Gallery of Scotland, Edinburgh). Doch selbst diesen beiden darf man nicht alles glauben: Der See liegt meist sonnenbeschienen da, umgeben von blühendem Wildwuchs.

Bergsteiger können leichte Routen in die Red Cuillins vom Sligachan Hotel (A 850) angehen oder sich von Glenbrittle aus an die ehrfurchtgebietenden Black Cuillins (nur für Erfahrene!) heranwagen; ℹ beim TIC in Broadford (☏ 0 14 71/82 23 61) oder Portree (siehe dort).

Wer sich jenseits der Cuillins an die Südwestküste von Skye hält, kann von der Hauptstraße A 863 sowohl zur Whiskybrennerei *Talisker* abbiegen, zum *Colbost Folk Museum* und zum *Piping Centre* in Borreraig, wo fast alles Wissenswerte über Dudelsäcke und ihre Musik zu erfahren ist. Doch schließlich gelangt man unweigerlich zum * **Dunvegan Castle,** schon seit über 700 Jahren Stammsitz der Chiefs des Clan MacLeod (⏲ Ostern bis Okt. Mo–Sa 10–17.30 Uhr, So ab 13 Uhr). Neben Erinnerungsstücken aus der Zeit der jakobitischen Aufstände sind die Clanmemorabilien von Bedeutung, insbesondere die „Fairy Flag". Der Legende zufolge wurde das Banner dem vierten Chief von einer Fee übergeben, in die er sich unsterblich verliebt hatte. Zweimal sei es in der Vergangenheit entrollt worden, als es galt, den Clan aus großer Not zu retten – nach dem nächsten Mal wird seine Macht verbraucht sein.

Dunvegan Castle auf der Insel Skye

Die malerischen Häuserzeilen am Ufer des Loch mit Läden und Bed & Breakfast-Unterkünften verführen zu längerem Aufenthalt in **Portree,** dem Hauptort von Skye. Ebenso einladend wirkt das familienfreundliche Hotel *Viewfield House* südlich der Ortsmitte

Das Flora MacDonald Memorial in Kilmuir

4

Seite 74

Flora MacDonald und Bonnie Prince Charlie

Bei Flodigarry nördlich von Portree steht auch ein Haus, in dem Flora MacDonald gelebt hat. Mit ihrem Namen verbinden Schotten die romantische Geschichte von Bonnie Prince Charlie, der 1746 nach der vernichtenden Niederlage von Culloden auf die Hebriden flüchtete und von der edlen Maid gerettet wurde. Allen Berichten zufolge stimmt es, daß Flora MacDonald für den Prinzen ihr Leben aufs Spiel setzte. Nur war die ganze Flucht, wie so vieles an den Jakobitenaufständen, zu gleichen Teilen von individuellem Heldenmut, organisatorischem Chaos und politischer Naivität geprägt. Zwar brachte Flora MacDonald Prince Charlie von den Äußeren Hebriden nach Skye – doch verpaßte er dadurch das französische Schiff, das drei Tage später Benbecula anlief, um ihn abzuholen. Als Charles Edward Stuart sich schließlich doch noch nach Frankreich eingeschifft hatte, schrieb John MacDonald of Borodale bitter: „Und so verließ er uns und ließ uns alle in schlimmeren Umständen zurück, als er vorgefunden hatte." Flora MacDonald wurde verhaftet und zwei Jahre lang im Londoner Tower eingekerkert. Nach langem Aufenthalt in Amerika kehrte sie, von ihren Landsleuten verehrt und hochangesehen als Gesprächspartnerin bekannter Persönlichkeiten wie Samuel Johnson, nach Skye zurück, wo sie in *Kilmuir* auf der Westseite der Halbinsel Trotternish begraben liegt. Das hohe keltische Kreuz beim Friedhof über der Küste markiert die Stelle, wo sich 1790 eine riesige Menschenmenge versammelte, um von Flora MacDonald Abschied zu nehmen.

(☏ 0 14 78/61 22 17; $) – es sei denn, man hält nichts von ausgestopften Tieren und Dinner am großen Familientisch.

Wer sich für Volksmusik und -tanz interessiert, sollte das Folkfestival um Ende Juli/Anfang August nicht versäumen und seine Freitagabende in der *Gathering Hall* verbringen (Mittanzen ist Pflicht!).

ℹ TIC, Meall House an der Hauptstraße, ☏ 0 14 78/61 21 37.

Nördlich von Portree, an der Ostküste der Halbinsel Trotternish, lassen sich entlang der A 855 einige unvergleichliche Naturdenkmäler erkunden. Das erste ist der *Old Man of Storr* genannte bizarre Felszacken, der höchste einer ganzen Gruppe. Vom Parkplatz kann man hinaufsteigen – etwas Vorsicht und festes Schuhwerk sind auf den steilen Pfaden geboten. Die Aussicht nach Süden und Osten ist grandios. Weiter nördlich liegt der kleine Loch Mealt, der sich über die Klippen ins Meer ergießt. Vom Straßenrand aus ist am Uferabhang *Kilt Rock* zu sehen. Seine Gesteinsformationen sollen dem Muster und Faltenwurf der schottischen Nationaltracht ähneln. Und jenseits des Dorfs Staffin erheben sich links weitere seltsame Felsen, genannt *Quiraing*. Um sie aus der Nähe zu betrachten, biegt man am besten bei Broraig auf den nach Uig ausgeschilderten Fahrweg ab, an dem etwa 4 km weiter ein Parkplatz liegt. Nach einem kurzen, aber mühevollen Fußmarsch ist die Hauptgruppe von Gebilden mit Namen wie „Nadel" und „Tisch" erreicht.

4

Seite 74

H **Flodigarry Country House**, an der A 855 nördlich des Quiraing, ☏ 0 14 70/55 22 12. Hotel für gehobenere Ansprüche. $
Dun Flodigarry, an der A 855 nördlich des Quiraing, ☏ 0 14 70/55 22 03. Eine Herberge für Rucksackträger, ein Pub mit Musik und Tanz der traditionellen Sorte. $ Am Samstagabend beim Ceilidh im Pub sitzen Einheimische, Hotelgäste und Herbergler einträchtig beieinander.

In Kilmuir bieten die strohgedeckten Cottages des *Skye Museum of Island Life* (🕓 April–Okt. Mo–Sa 9.30 bis 17.30 Uhr) einen guten Einblick in den Alltag der Landbevölkerung vergangener Zeiten.

Uig ist ein kleiner Hafen südlich von Kilmuir, von dem die Autofähre (tgl. außer So; Überfahrt 1 1/2 bzw. 4 Std. – die Fähre verkehrt auf einem Dreieckskurs zwischen Uig/Skye, Tarbert und Lochmaddy/North Uist) nach **Tarbert auf Harris** (Äußere Hebriden) ablegt. Dort erwartet den Reisenden ein neues Erlebnis: Unter sich sprechen die Einheimischen oft gälisch, und es ist neben Englisch gleichberechtigte Unterrichtssprache in den Schulen. Auch Gottesdienste werden auf den protestantischen Nordinseln wie im katholischen Süden in der Regel auf gälisch abgehalten (die Religionsgrenze verläuft durch die Insel Benbecula). Insbesondere auf der Doppelinsel Lewis und Harris wird die Sonntagsruhe nach wie vor streng eingehalten – nicht nur Museen und Geschäfte sind geschlossen, sondern auch die meisten Lokale (außer Hotels) und Tankstellen.

Hilfestellung beim Dechiffrieren der rein gälischen Straßenbeschilderung gibt das Faltblatt, das auf der Fähre oder im TIC an der Pier Road von An Tairbeart/Tarbert (☏ 0 18 59/ 50 20 11) erhältlich ist. So gerüstet macht man sich nun an der Ostküste der Doppelinsel (der Südzipfel heißt Hearadh/Harris, der weitaus größere Teil im Norden Leodhais/Lewis) auf den Weg in den weitaus größten Ort dieser Insel:

Steornabhagh/Stornoway mit etwa 8100 Einwohnern bietet deshalb auch die bestbestückten Läden. Über die G schichte der Region informiert das *Museum nan Eilean/Western Isles Museum* im ehemaligen Rathaus (🕓 Juni–Aug. Di–Sa 10 bis 12.30 Uhr, 14–17.30 Uhr; sonst nur nachmittags).

🛈 TIC, 26 Cromwell St., ☏ 0 18 51/ 70 30 88, 📠 70 52 44; Unterkunftsnachweis und Informationen für die gesamten Äußeren Hebriden.

Blick über Portree, den Hauptort von Skye

Von Stornoway geht die Fahrt durch weite Moorlandschaft quer über die Insel zur Nordwestküste. Dort führt die Straße in der einen Richtung nach Norden bis zum äußersten Ende der Insel beim Leuchtturm am Rubha Robhanais/Butt of Lewis. Seevogelschwärme und der Rundblick übers Meer verstärken hier das Gefühl, mitten im Atlantik zu stehen. Der andere Straßenzug führt südwestwärts, vorbei am *Black House Museum* in Arnol (🕓 Mo–Sa ab 10 Uhr). Diese „schwarzen Häuser" wurden ohne Kamin gebaut und mit einem Torffeuer beheizt, dessen Rauch durchs strohgedeckte Dach abzog.

Der Old Man of Storr auf Trotternish

Schöne Strände (wie die bei Dail Mor/Dalmore und Dail Beag/Dalbeg) sind nicht das einzige, was die Gegend zu bieten hat: Aus vielen Häusern ist das Klappern von Webstühlen zu hören, und in Siabost/Shawbost oder Carlabhagh/Carloway kann man Weber bei der Arbeit beobachten. Der berühmte Harris Tweed darf sich nur so nennen, wenn er auf den Äußeren Hebriden aus reiner schottischer Schurwolle auf dem Handwebstuhl hergestellt ist und das Markenzeichen der „Harris Tweed Association" trägt.

Eine der bedeutendsten prähistorischen Stätten Europas gibt es bei ****Calanais/Callanish** zu besichtigen. Der Steinkreis mit dem alles überragenden Menhir und einer Grabkammer in der Mitte sowie den Steinreihen, die kreuzförmig vom Kreis weg angeordnet sind, ist als „überragende Leistung der Steinkreisarchitekten" beschrieben worden. Er erhebt sich auf einem Landvorsprung im East Loch Roag, wo der Blick über die endlose Weite von

Tweed-Webstuhl im Museum von Stornoway

4
Seite 74

Meer und Himmel schweift. Im Februar 1994 wurde mit dem Bau eines Besucherzentrums samt Andenkenladen und Café begonnen, was nicht bei allen Besuchern auf Zustimmung trifft.

Bei Gearraidh Na H-Aibhne/Garynahine gilt es nach Süden auf die B 8011 abzubiegen. Moor, Felsen, kalkreiches Weideland voller Wildblumen („machair" genannt und für diese Inseln typisch), endlose Strände mit dem anbrandenden Atlantik …

🏨 **Baile-Na-Cille,** Timsgarry, ☎ 0 18 51 /67 22 42, 📠 67 22 41. Wer das alles etwas länger genießen möchte, sollte in diesem Hotel unterzukommen versuchen, das sich mit idyllischer Lage, Kinderfreundlichkeit und deftiger schottischer Kost empfiehlt. ($)

4

Seite 74

Um den Harris genannten Teil der Insel zu erreichen, muß man auf die Hauptstraße zurückkehren. Südlich von Tarbert sind die Strände der Westküste womöglich noch ausgedehnter, noch eindrucksvoller. In ein badefreundliches Klima versetzt wären sie überfüllt, und es stünden hier Dutzende von Hotels, von denen keines auch nur halb so malerisch oder so gut wäre wie

🏨 **Scarista House** an der A 859, ☎ 0 18 59/55 02 38, 📠 55 02 77, das zu Recht in keinem Hotelführer fehlt. ($$)

Der englische Name des Orts **An T-ob/ Leverburgh** an der Südküste von Harris verweist auf ein großangelegtes Experiment, das der Seifenmagnat Lord Leverhulme (Unilever) in den zwanziger Jahren unternahm. Er hatte 1918/19 die Doppelinsel erworben und begann nun zu „modernisieren", indem er einen Fischereihafen anlegen ließ, Trawler anschaffte und den Bau von Straßen sowie einer Fischkonservenfabrik veranlaßte. Auf dem Festland eröffnete er zum Verkauf des Fangs eine eigene Kette von Fischläden (MacFisheries genannt!). Außerdem schmiedete er Pläne, den Fischfang mit modernsten Mitteln zu rationalisieren (unter anderem wollte er Flugzeuge zum Auffinden der Heringsschwärme einsetzen). Die einheimische Bevölkerung reagierte zurückhaltend auf seinen sozialpolitischen Enthusiasmus, erwärmte sich jedoch allmählich für die gebotenen Erwerbsmöglichkeiten. 1923 sah sich der Lord gezwungen, seine Pläne für Lewis fallenzulassen. Zwar investierte er weiter großzügig in Harris und insbesondere in Leverburgh, aber als er 1925 starb, stellten seine Rechtsnachfolger sofort alle Zahlungen ein. Die Hafenanlagen von Leverburgh erinnern noch an das grandiose Vorhaben.

Fußgänger und Radfahrer können von Leverburgh die Fähre zur kleinen Insel Bhearnaraigh/Berneray und nach Port Nan Long/Newton Ferry auf Uibhist A Tuath/North Uist nehmen. Autofahrer müssen nach Tarbert zurückkehren, um von dort nach North Uist überzusetzen (s. o. bei Uig). North Uist und die Inseln im Süden, Beinn Na Faoghla/Benbecula und Uibhist A Deas/ South Uist, sind über Straßendämme miteinander verbunden und bilden einen langen schmalen Landstreifen. Die Ostküsten sind durchweg felsig, mit tief eingekerbten Buchten und vorgelagerten Inselchen, die Westküsten bestehen weitgehend aus langen Sandstränden zwischen Landvorsprüngen.

Für das Landesinnere sind Machair-Weiden typisch. Auf **North Uist** darf kein Vogelfreund versäumen, das Schutzgebiet von *Baile Raghaill/Balranald* zu besuchen (Interessierte sollten sich beim Aufseher melden). Auf einer Fläche von 658 Hektar finden sich die unterschiedlichsten Lebensbedingungen: Meerwasser, Felsen, Sandstrand, Dünen, Machair, Marsch und Süßwasser. Kein Wunder, daß hier 183 Vogelarten gezählt wurden, von denen etwa 50 nisten. Die Insel hat außerdem mit dem Hügelgrab von *Bharpa Langais/Barpa Langass* (an der Straße von Lochmaddy nach Clachan), in dem um 1000 v. Chr. eine Persönlichkeit von

Stand bestattet worden sein soll, eine gut erhaltene prähistorische Stätte zu bieten. – Auf North Uist, Benbecula und South Uist sind die Einrichtungen der britischen Streitkräfte nicht zu übersehen. Sie bieten nicht gerade eine Augenweide, aber den Einwohnern von Benbecula wenigstens sehr gute Einkaufsmöglichkeiten und einen Flugplatz.

Skye Museum of Island Life, Kilmuir

South Uist mißt etwa 32 km in der Länge, ist aber nirgends breiter als 10 km. Von Loch Baghasdail/Lochboisdale im Süden der Insel (ℹ TIC, Pier Road, ☎ 0 18 78/ 70 02 86; nur im Sommer) geht die Autofähre nach Barra bzw. nach Mallaig/Oban auf dem Festland ab (Di, Do, Fr u. So; Überfahrt nach Barra $1^{1}/_{2}$ Stunden; nach Mallaig/Oban 7–9 Stunden). Wer Zeit und Muße hat (und Glück mit dem Wetter), sollte ganz bis zur Südspitze von South Uist fahren und dort im bzw. vor dem *Pollachar Inn* (Zimmer ☎ 0 18 78/70 02 15; ($)) im Angesicht der Inseln im Süden und des endlosen Atlantik im Westen den stundenlang dauernden Sonnenuntergang genießen.

Strandlandschaft der Insel Lewis

******Eilean Bharraigh/Ba*** ist eine besonders charmante und freundliche Insel. Ihr Hauptort *Bagh A Chais-tail/ Castlebay* bietet die Burg Kisimul Castle (13. Jh.) mitten im Hafen, außerdem die fröhliche Castlebay Bar neben dem gleichnamigen Hotel. Im TIC (ℹ Main Street, ☎ 0 18 71/ 81 03 36; nur im Sommer) kann man erfragen, ob die Seehundkolonie von beachtlicher Größe in der Seal Bay zu besuchen ist (je nach Saison). Der berühmte Flugplatz am Strand von Traigh Mhor, der nur bei Ebbe anzufliegen ist, macht den Flug von Glasgow hierher zu einem der aufregenderen Erlebnisse, die man als Passagier einer Linienmaschine haben kann. Insgesamt bildet Barra einen würdigen Abschluß für die Erkundung der Äußeren Hebriden.

Teilansicht des Steinkreises von Callanish

4
Seite 74

Route 5

Der Westen: Lochaber/Argyll/Die südlichen Inseln

Oban – Lismore – Mull – Iona – Staffa – Fort William – Glen Coe – Inveraray – Islay – Jura (ca. 760 km)

In der von irischen Skoten besiedelten Provinz Dalriada im heutigen Argyll beginnt die Geschichte des vereinten christlichen Schottland. Hier im Südwesten landete der irische Mönch Columba und gründete ein Kloster auf Iona. Hier herrschte der Skotenkönig Kenneth MacAlpin, der die Pikten besiegte, sein Reich mit dem ihren vereinigte und so den Schotten ihren heutigen Namen gab. Die ausgedehnten Buchten, die das Land in langgezogene Halbinseln und vorgelagerte Inseln aufteilen, haben seit prähistorischer Zeit Besucher angezogen, die dann nicht wieder fortwollten. Auf den Spuren der irischen Kelten und der Wikinger wandeln heute die Touristen, die nach Iona pilgern, sich in Segelbooten auf die Lochs hinauswagen oder im August das Argyllshire Highland Gathering in Oban bestaunen.

Die Route durch Lochaber und Argyll führt von Oban auf die Insel Mull und von dort durch die wunderbare Landschaft der Halbinseln Morvern, Ardnamurchan und Moidart nach Fort William. Dann wendet sie sich nach Süden durch Glen Coe und am Loch Awe entlang bis zur Halbinsel Kintyre, mit einem Abstecher auf die Inseln Islay und Jura.

Die Gegebenheiten dieser Region verlangen, daß man fast ebenso lang auf Fähren reist wie auf der Straße. Aber was bekommt man von der See her nicht alles zu sehen!

5

Seite 87

Oban bildet sozusagen das Tor zu den Hebriden. Von hier gehen die Fähren nach Mull, Barra, South Uist und Colonsay sowie zu den nahegelegenen Inseln Kerrera und Lismore ab, und der Ort ist das Touristenzentrum für die gesamte Grafschaft Argyll. Jedes Jahr im August findet in Oban das *Argyllshire Highland Gathering* mit Volksmusik und traditionellen Tänzen statt. Aber auch sonst strömen hier nicht nur Urlauber zusammen, sondern auch die ländliche Bevölkerung der Region tätigt im Ort ihre Einkäufe, so daß Oban selbst außerhalb der Hauptreisezeit recht geschäftig wirkt.

Auf der Anhöhe direkt hinter dem Hafenbecken steht ein seltsames Gebäude, *McCaig's Tower* genannt – wer sich (mit etwas Phantasie) an das Kolosseum von Rom erinnert fühlt, liegt genau richtig. Der Bankier John Stuart McCaig war ein leidenschaftlicher Bewunderer römischer Kunst und Architektur. Er ließ das Gebäude um 1897 gewissermaßen als Arbeitsbeschaffungsmaßnahme für die einheimische Bevölkerung erbauen, doch konnte (oder wollte) er sich die steigenden Kosten schließlich nicht mehr leisten, und es wurde nie vollendet – weshalb es auch McCaig's Folly (*folly* bedeutet Torheit, aber auch „sinnloser Prachtbau") genannt wird. Die Aussicht über den Loch nach Mull und zu den kleineren Inseln hin lohnt jedenfalls den Aufstieg. Außerdem gibt es bei Oban noch die Reste von *Dunollie Castle* (13. Jahrhundert) zu besichtigen.

ℹ TIC, Argyll Square,
☎ 0 16 31/56 31 22.

🏨 **Manor House,** Gallanach Road,
☎ 0 16 31/56 20 87, FAX 56 30 53. Das meistempfohlene Hotel Obans, an der Küstenstraße südlich der Ortsmitte. Es genießt einen hervorragenden Ruf, vor allem für seine Küche. $))

Besondere Freude bereitet ein Besuch der Insel **Lismore** im Loch Linnhe (Autofähre von Oban: tgl. außer So 4–5mal, Überfahrt ca. 50 Min.; Fähre von Port Appin: tgl. durchgehend bis 19 Uhr; Überfahrt ca. 10 Min., nur für Fußgänger und Radfahrer). Empfehlenswerte Ausflüge führen zu einem *Broch* (Rundturm) aus den ersten nachchristlichen Jahrhunderten bei Tirefour und zur Ruine von *Achadun Castle*, einem ehemaligen Bischofspalast – die Insel war von 1200 bis 1507 Sitz der Diözese Argyll, und man kann noch die Reste der ehemaligen Kathedrale besichtigen. Die erste christliche Gemeinde soll hier im sechsten Jahrhundert von dem irischen Heiligen Moluag gegründet worden sein. Der Legende zufolge wetteiferte er mit St. Columba darum, wer als erster die Insel erreichen würde: Als Columbas Boot nahe dem Ufer einen Vorsprung gewann, soll sich Moluag einen Finger abgeschnitten und auf die Insel geworfen haben, um sie für sich zu beanspruchen.

Nach einem Regenschauer: Landschaft bei Oban

Ebenfalls von Oban aus erreicht man * **Mull,** neben Skye die zweite der leicht zugänglichen großen Hebrideninseln (Autofähre nach Craignure: Mo–Sa 6–8mal, So 3–5mal, Anschluß an Bahnverbindung von Glasgow; Überfahrt ca. 40 Min.). Die Fähre kommt direkt am eindrucksvollen *Duart Castle* auf seinem Landvorsprung vorbei. Die Burg, die seit dem 14. Jahrhundert mit Unterbrechungen Sitz der Chiefs des Clan MacLean ist, lohnt einen Besuch (🕓 Mai–Sept. tgl. 10.30 bis 18 Uhr). Wahre Enthusiasten sind von der Schmalspurbahn begeistert, die vom Pier in Craignure die 2 1/2 km lange Strecke zum 1856 erbauten *Torosay Castle* (🕓 Ostern–Okt. tgl. 10.30–17.30, Gärten 9–19 Uhr) mit seinen gediegenen Gärten zurücklegt.

Die Küstenstadt Oban, überragt von McCaig's Folly

Hauptort von Mull ist **Tobermory,** eine von mehreren

Tobermory besticht mit seinen fröhlich-bunten Häuserfassaden

5

Seite 87

Ansiedlungen, die im 18. Jahrhundert von der „British Fisheries Society" als Fischereihäfen aus dem Boden gestampft wurden. Die bunten Fassaden der Häuser an der Uferstraße sind ein beliebtes Motiv für Fotografen und verleihen dem Ort eine fröhliche Atmosphäre.

TIC, Main Street, ☎ 0 16 88/30 21 82.
Western Isles Hotel, ☎ 0 16 88/30 20 12. Am Hügel hinter dem Hafen, beherbergt ein angenehmes Restaurant und Fremdenzimmer mit wunderbarer Aussicht. ($)

Von Tobermory aus beschreibt die einspurige Straße B 8073 einen Bogen nach Südwesten, nie weit von der Küste entfernt. Nach unzähligen Kurven und Windungen mit ständig neuen Ausblicken (z. B. auf Ben More, den höchsten Berg auf Mull, und die vorgelagerte Insel Ulva) trifft sie auf die Straße, die westwärts nach Fionnphort führt. Von dort quert die Fähre (Überfahrt 5 Min.; keine Fahrzeuge) nach ** **Iona.** Die Insel ist weltweit berühmt als Wiege des schottischen Christentums: Hierher kam Columba im Jahre 563 mit seinen irischen Mönchen, um die Pikten zu bekehren. In späteren Jahrhunderten überfielen die Wikinger mehrmals die Insel, doch erst die Enteignung der katholischen Besitzungen im 16. Jahrhundert machte dem Kloster ein Ende.

5
Seite 87

Von den erhaltenen Gebäuden ist die um 1500 erbaute *Kathedrale* bei weitem das größte. Daneben sind noch Teile eines Nonnenklosters aus dem frühen 13. Jahrhundert sowie kleinere Kapellen zu besichtigen. Die meisten dieser Bauten waren zu Beginn unseres Jahrhunderts stark verfallen, ehe die 1938 von Dr. George Macleod gegründete „Iona Community" sie hingebungsvoll restaurierte.

Der Friedhof hat für Schotten eine große symbolische Bedeutung. Er war bis ins 11. Jahrhundert Begräbnisstätte der schottischen Königsgeschlechter, und es sollen hier neben sieben norwegischen und vier irischen Königen 48 schottische Herrscher bestattet sein, darunter auch der von Macbeth erschlagene Duncan (bei Shakespeare heißt es: „*Rosse:* Wo ist Duncans Leichnam? *Macduff:* Nach Colmes Kill [Iona] führt man ihn zur heil'gen Gruft, / Wo die Gebeine seiner Ahnen alle / Versammelt ruhn").

Iona, oder besser gesagt die Klosteranlage, ist im Sommer völlig überlaufen. Wer es kann, sollte darum mit der ersten Morgenfähre (8.45 Uhr) kommen oder gar auf der Insel übernachten (z. B. im gut beleumundeten *Argyll Hotel,* ☎ 0 16 811/70 03 34; ($)), um die besondere Atmosphäre des Ortes in Ruhe zu genießen.

Von der Anlegestelle werden Bootsausflüge zur Insel ** **Staffa** mit ihren imposanten Basaltsäulen und der als *Fingal's Cave* bekannten Höhle angeboten. Bildungsbeflissene können sich unterwegs eine Aufnahme von Mendelssohns Opus 26 („Die Fingalshöhle") in den Walkman schieben und Theodor Fontanes ausführliche Beschreibung der Insel in „Jenseit des Tweed" (sic!) vor die Nase halten – aber man sollte sich auch Fontanes Warnung zu Herzen nehmen: „Die Zahl der Seekranken wuchs."

Von Fishnish im Nordosten von Mull verkehrt eine Fähre nach Lochaline auf der Halbinsel Morvern (Mo–Sa tagsüber alle 40 Min., So jede Stunde; Überfahrt ca. 15 Min.). Von hier geht die Fahrt durch die Hochlandtäler von Morvern nordwärts bis zum Loch Sunart, an dessen Nordufer man nach Westen abbiegen sollte.

Der erste größere Ort an dieser Strecke heißt **Strontian.** Der Ortsname erinnert nicht nur zufällig an radioaktive Isotope: In den hiesigen Bleiminen wurde im 18. Jahrhundert ein neues Mineral entdeckt, das man Strontianit nannte und aus dem das Element Strontium isoliert wurde. Zu Anfang unseres Jahrhunderts wurde das letzte Blei-

Inverness
Rhum
Mallaig
Hebriden
Loch nan Uamh
Glenfinnan
Ben Nevis
1343
Fort William
Moidart
Castle Tioran
Sanna Bay
Ardnamurchan Point
Strontian
Glen Coe
Morvern
Tobermory
Dervaig
Lochaline
Loch Linnhe
Treshnish Isles
Lismore
Staffa
Mull
Craignure
Duart Castle
Oban
Lochawe
Tyndrum
Kerrera
Kilchurn Castle
Iona
Fionnphort
Firth of Lorn
Loch Awe
Argyll
Inveraray
Auchindrain
Tarbet
Crarae
Loch Fyne
Colonsay
Lochgilphead
Ardlussa
Greenock
Dunoon
Glasgow
Jura
Port Askaig
Tarbert
Rothesay
Kennacraig
Rhinns of Islay
Islay
Claonaig
Port Charlotte
Port Ellen
Portnahaven
Kintyre
Ardrossan
Irvine
Arran
Brodick
Firth of Clyde
N
Machrihanish
Campbeltown
DER SÜDWESTEN
ROUTE 5
0
20 Meilen
0
20 Kilometer
Southend

5
Seite 87

bergwerk geschlossen, doch jüngst hat man einige Stollen neu eröffnet, um das für die Ölbohrungen in der Nordsee unerläßliche Baryt zu fördern.

Immer am Ufer von Loch Sunart entlang fährt man nun auf die langgestreckte Halbinsel *Ardnamurchan.*

Der einspurige Fahrweg zieht sich ohne besondere Höhepunkte dahin, bis **Glenborrodale Castle** erreicht ist. Das viktorianische Monstrum diente bis vor kurzem als Luxushotel. Dann erwarb es ein geheimnisvoller Privatmann, und nun ist es der Öffentlichkeit nicht mehr zugänglich.

Aber die Halbinsel hat ein anderes Vergnügen zu bieten, das die lange Anfahrt lohnt: *Sanna Bay.* Vom Parkplatz in Sanna kann man an der Küste mit ihren Sandstränden in kleinen Buchten zwischen Felsvorsprüngen und Dünen südwärts bis Portuairk wandern – die 3 km hin und zurück wären ein Spaziergang, wenn es einen besser begehbaren Pfad gäbe. Die überall verstreuten aufgebockten Wohnwagen, die von Einheimischen als Feriendomizil vermietet werden, beeinträchtigen leider das Vergnügen an dieser Landschaft, aber sie bieten zumindest eine erschwingliche Möglichkeit, hier Urlaub zu machen.

5

Seite 87

Ein Bau ganz anderen Zuschnitts als Glenborrodale ist * *Castle Tioram* aus dem 14. Jahrhundert, nördlich von Ardnamurchan im Tidebereich des kleinen Loch Moidart gelegen. Bei Ebbe wirkt die Burg im feucht schimmernden Schlick, als wäre sie vor langer Zeit hier angeschwemmt worden, bei Flut ragt sie majestätisch aus dem Wasser empor. Ihre Lage macht verständlich, warum sie nie eingenommen werden konnte – teilweise zerstört wurde sie erst 1715, als der Burgherr sie selbst in Brand steckte, damit sie nicht in die Hände der Campbells fiel, während er und seine Mannen andernorts für die jakobitische Sache fochten. An die Jakobiten des 18. Jahrhunderts wird man auch am **Loch nan Uamh** erinnert, wo Bonnie Prince Charlie im Juli 1745 von einer französischen Brigg an Land ging, um bei *Glenfinnan* die Clans zu seinen Fahnen zu rufen. Die begehbare Gedenksäule an der Stelle, wo sich der Blick auf den eindrucksvollen Loch Shiel auftut, ist von der Figur eines Highland-Kriegers gekrönt. Sie wurde 1815 von MacDonald of Glenaladale errichtet, dessen Vorfahr mit den Männern seines Clans über die Hügel heranmarschiert war, als der Prinz schon fürchtete, mit wenigen Getreuen allein zu bleiben. Das weitere Schicksal der Region wird aus der Tatsache ersichtlich, daß das Tal von Glenaladale im Jahre 1745 hundert Mann in den Kampf entsenden konnte, während es heute völlig unbewohnt ist.

In den Loch nan Uamh lief im September 1746 ein weiteres französisches Schiff ein, um den gescheiterten Prinzen an Bord zu nehmen und außer Landes zu schaffen. Danach waren wieder die Regierungstruppen die Herren im Lande, deren Garnison in **Fort William** gegen die Rebellionen von 1715 und 1745 ausgehalten hatte. Das damalige Fort existiert nicht mehr, und der Ort steht heute ganz der Touristeninvasion offen. Die Geschichte der Region wird dem Besucher im *West Highland Museum* (🕓 Mo–Sa, Juli und Aug. 9.30–21 Uhr, Juni und Sept. bis 17.30, ansonsten 10–13 und 14 bis 17 Uhr) recht anschaulich präsentiert.

Fort William ist das Regionalzentrum von Lochaber und ein Knotenpunkt für den Tourismus: Hier befindet sich die wichtigste Station an der Bahnlinie von Glasgow nach Mallaig (die wunderschöne Strecke bis zur Westküste kann zu bestimmten Zeiten in Zügen mit Dampflok zurückgelegt werden), hier laufen die Hauptstraßen aus den Grampians, aus Inverness und aus dem Nordwesten (Skye und Wester Ross) zusammen, und hier ist der Ausgangspunkt für die Besteigung des höchsten Bergs in Großbritannien, *Ben Nevis* (1344 m). Die Parkplätze am Fuß breiter, ausgetretener Pfade dürfen nicht darüber hinwegtäuschen, daß der Berg seine Tücken hat und nur mit geeigneter Ausrüstung in Angriff genommen werden sollte – immerhin ist die Strecke hin und zurück etwa 18 km lang, und das Wetter ist notorisch unzuverlässig. In der Hauptsaison kann einem der Aufstieg in einer langen Schlange dahinstapfender Menschen wie eine Bußprozession vorkommen, aber alle, die einmal bei gutem Wetter auf dem Gipfel gestanden sind, schwärmen von der Aussicht.

ℹ TIC, Cameron Square,
☎ 0 13 97/70 37 81.

Südlich von Fort William trifft man jenseits der Brücke bei Ballachulish auf das Dorf Glencoe am Eingang zum Tal von ****Glen Coe,** das zu den eindrucksvollsten, dramatischsten und wildromantischsten Landschaften in Schottland zählt. Die Park- und Campingplätze, Besucherzentren usw. können dem Tal nicht seine wuchtige Majestät nehmen. Die steil ansteigende Straße windet sich zwischen immer enger zusammenrückenden Felswänden dahin, bis man schließlich am oberen Ende die weite Hochebene von Rannoch Moor erreicht. Im Seitental von Glen Etive kampieren Bergsteiger seit vielen Jahren „wild", ehe sie beispielsweise die berühmte Gratwanderung über Aonach Eagach unternehmen – sie eignet sich nur für Erfahrene und keinesfalls für Leute, die unter Höhenangst leiden. Aber auch weniger Wagemutige besuchen das Tal, um den Schauplatz einer berüchtigten Episode schottischer Geschichte in Augenschein zu nehmen. Im *Visitor Centre* (🕓 Ostern–Okt. tgl., Juni–August 9.30–18, sonst 10 - 17 Uhr) wird einem mit allen modernen Mitteln der Technik nahegebracht, wie im Februar 1692 Truppen unter Führung von Robert Campbell of Glenlyon im Glen Coe eintrafen und bei

Duart Castle auf der Insel Mull

Innenhof der Klosteranlage von Iona

Die Landschaft bei Fort William

5
Seite 87

den hiesigen MacDonalds unter einem Vorwand um Aufnahme baten. Die Regierung in London hatte befohlen, an diesem mächtigen und aufsässigen Highland-Clan ein Exempel zu statuieren, und so erhoben sich Campbells Soldaten eines Morgens und töteten 38 Talbewohner, denen es nicht mehr gelang, mit ihren Verwandten in die Berge zu fliehen. Das „Massaker von Glen Coe" schuf viel böses Blut zwischen MacDonalds und Campbells und schürte das Mißtrauen der Clans gegen die Zentralregierung – viele Highlanders begriffen die 23 Jahre später einsetzenden Jakobitenaufstände auch als Rache für Glen Coe.

Hinter Bridge of Orchy biegt die B 8074 nach Dalmally und Loch Awe von der Hauptstraße ab. Am Nordende von Loch Awe erhebt sich die malerische Ruine von Kilchurn Castle.

Ardanasaig Hotel bei Kilchrenan, ☎ 0 18 66/83 33 33, Fax 83 32 22. Wer hier übernachten will, muß um die Spitze des Loch herum und lange auf einspurigen Straßen bis ans Westufer fahren, aber man wird keinen Meter des Weges bereuen. Inmitten schöner Gärten steht das 1834 erbaute Herrenhaus am See und bietet nicht nur sehr angenehme Zimmer, sondern auch standesgemäße Küche. $$$

Am Nordwestufer von Loch Fyne liegt **Inveraray**. Der im 18. Jahrhundert angelegte hübsche Ort lebt ganz vom Tourismus, den insbesondere das gleichzeitig entstandene *Inveraray Castle* anzieht. Der Sitz der Herzöge von Argyll und Chiefs des Clan Campbell beherbergt eine Gemäldesammlung mit Werken von Gainsborough, Ramsay, Raeburn und anderen, außerdem üppig ausgestattete Räume, in denen Porzellan, Möbel, Wandteppiche und andere Schätze zu besichtigen sind (🕓 Juli–Aug. Mo–Sa 10–12.30 u. 14–17.30 Uhr, So nur nachmittags; April–Juni u. Sept. bis Okt. zu den gleichen Zeiten außer Fr).

TIC, Front St., ☎ 0 14 99/30 20 63.

Der *Argyll Wildlife Park* südlich von Inveraray an der A 83 (🕓 tgl. ab 9.30 Uhr) ist zwar im Grunde ein Zoo, doch werden hier vorwiegend einheimische Tierarten in annähernd natürlichem Terrain gehalten. Schafe und Geflügel wandern frei umher und sind bei Kindern deshalb besonders beliebt. In *Auchindrain* hat man ein Highland-Dorf vor dem Verfall bewahrt und z. T. restauriert, um Touristen die Lebensbedingungen der hiesigen Bevölkerung bis in unser Jahrhundert vor Augen zu führen (🕓 Ostern bis Sept. tgl. ab 10 Uhr; April/Mai/Sept. Sa geschl.) Weiter südlich am Ufer des Loch breitet sich der Park von *Crarae* aus (🕓 tgl. ab 9 Uhr; Besucherzentrum: Ostern bis Okt. ab 10 Uhr). Drei Wege (ab 45 Min.) durch die Waldungen mit künstlich angelegten Wasserfällen und berühmten Azaleen, Eukalyptus- und Rhododendrenbeständen sind ausgeschildert.

Immer weiter am schönen Ufer des Loch geht die Fahrt nach Süden, über Lochgilphead und Tarbert/Knapdale bis auf die Halbinsel Kintyre, wo in Kennacraig die Fähre nach **Islay** übersetzt (tägl. 1–3mal; Überfahrt 2 Stunden nach Port Ellen, 1 3/4 Stunden nach Port Askaig). Bei Port Ellen sind die Whisky-Brennereien von *Laphroaig* und *Lagavulin* zu besichtigen – allein schon die Kostproben dieser und drei weiterer Destillen auf der Insel sind die Reise nach Islay wert. Von der Hauptstraße nach Bowmore geht ein Fahrweg nach *Kintra* ab, wo ein schön gelegener Campingplatz mit einem anständigen Pub/Hotel nebenan und 8 km grandioser Sandstrand warten. Der Golfplatz in den Dünen, meinen Eingeweihte, sei eine ganz besondere Herausforderung. Einen Zivilflugplatz gibt es hier auch, doch macht er sich nur selten störend bemerkbar.

Im Westen von Islay, auf der „Rhinns of Islay" genannten Halbinsel, liegt der malerische Ort *Port Charlotte* mit dem Museum of Islay Life. Unter den Bed-and-Breakfast-Häusern an der Uferstraße soll es mehrere hervor-

5
Seite 87

ragende geben (z. B. *Taigh-na-Creag,* ☎ 0 14 96/81 02 61; ($)).

Islay hat eine ganze Reihe vor- und frühgeschichtlicher Stätten aufzuweisen, darunter auch den Steinkreis von Cultoon im Süden der Rhinns, von dem angenommen wird, er sei nie fertiggestellt worden: Die liegenden Steine sollen nicht umgefallen, sondern gewissermaßen so angeliefert und dann nicht aufgerichtet worden sein. Bei der Kirche von Kilchoman steht eines von mehreren keltischen Kreuzen auf der Insel.

Von Port Askaig im Nordosten kann man auf die Insel **Jura** übersetzen (tagsüber durchgehend, außer So; Überfahrt ca. 10 Min.), die anders nicht zu erreichen ist. Die einzige Straße der Insel umrundet die Gebirgslandschaft der Paps of Jura mit ihren Jagdrevieren und schlängelt sich die Ostküste entlang nach Norden. Auf der recht großen Insel (sie mißt der Länge nach 45 km, an der breitesten Stelle 13 km) trifft man kaum einen Menschen. In *Barnhill,* einem völlig abgeschiedenen Farmhaus im Norden, schrieb George Orwell 1947/48 an seinem Roman „1984". Das Haus ist nicht zugänglich, und um es nur von außen zu betrachten, ist der Weg zu beschwerlich: „Es ist eigentlich ganz einfach zu erreichen, nur daß man die letzten dreizehn Kilometer zu Fuß gehen muß", meinte Orwell dazu.

Nach Kintyre auf dem Festland zurückgekehrt, fährt man entweder nach Süden bis Campbeltown und zur Landspitze am Mull of Kintyre, wo man nur noch 20 km von Nordirland entfernt ist. Oder man überquert die Halbinsel direkt nach Osten und nimmt in Claonaig gleich die nächste Fähre zur Insel *Arran,* um schließlich bei Glasgow wieder aufs Festland zu gelangen.

Im Museumsdorf von Auchindrain

Ein kleiner Ausschnitt von Glen Coe

Und zum Abschluß: Inveraray Castle

5

Seite 87

Abseits der Routen

Schottland wird im vorliegenden Reiseführer entlang sorgfältig gewählter Routen vorgestellt, so daß unter den zahlreichen sehenswerten Gegenden eine gewisse Auswahl getroffen werden mußte. Einiges, das einen Besuch ebenso lohnt wie viele der auf den vorangehenden Seiten beschrieben Landschaften und Orte, konnte leider keine Erwähnung finden. Darum folgen hier noch einige Anregungen für eigene Entdeckungen:

Loch Lomond, Schottlands größter See und eines der beliebtesten Ausflugsziele im Land, erstreckt sich inmitten von malerischer Gebirgslandschaft 37 km in nord-südlicher Richtung. Im Süden um die Hauptferienorte Alexandria und Balloch wird soviel Wassersport angeboten, daß der See unter Verschmutzung und Überfüllung leidet. Zu den vielen Urlaubern, die Loch Lomond auf ihrer Schottlandreise besuchen, gesellen sich nämlich Tausende von Tagesausflüglern aus dem nahegelegenen Glasgow.

Zu den traditionellen Freizeitrevieren um Glasgow gehören ebenfalls die Inseln **Arran** und **Bute** im Firth of Clyde. Die Hauptorte (Lochranza und Brodick auf Arran, Rothesay auf Bute) und die beliebten Küstenstriche werden während der Sommerferien sowie an Wochenenden und Feiertagen sehr viel besucht, aber die schöne Landschaft, besonders abseits der Hauptstraßen, entschädigt für die Schlange am Fährhafen und die endlosen Ferienhaussiedlungen.

Perth zählt zu den bedeutendsten Städten Schottlands und auch zu den schönsten. Die angenehme Lage am Fluß Tey in erreichbarer Nähe der Highlands verbindet sich mit einer schönen Altstadt, gutem Kulturangebot und erstklassigen Einkaufsmöglichkeiten, um die Stadt höchst attraktiv zu machen. Kein Wunder, daß sie 1990 zur Stadt mit der besten Lebensqualität in Großbritannien erkoren wurde.

3 km von Perth entfernt kann man den *Scone Palace* (interessante Ausstellungen) besuchen. In seinem schönen Park mit seltenen alten Bäumen erhob sich einst die Krönungskirche der schottischen Könige, *Scone Abbey,* mit dem berühmten Krönungsstein.

Blair Castle liegt in den Grampians, nördlich des beliebten Ferienorts Pitlochry, in einem weitläufigen Park. Der Sitz der Herzöge von Atholl beherbergt wertvolle Kunstschätze, aber viele Besucher wollen vorwiegend die Atholl Highlanders in Augenschein nehmen, die letzte legale Privatarmee Großbritanniens.

Orkney umfaßt eine Gruppe von etwa 70 Inseln nördlich des schottischen Festlands (zu erreichen mit der Autofähre von Scrabster/Thurso nach Stromness auf der Hauptinsel *Mainland* oder mit dem Flugzeug von Glasgow, Edinburgh, Aberdeen, Inverness und Wick nach Kirkwall, ebenfalls auf Mainland). Neben der spektakulären Lage locken besonders die vielen prähistorischen Stätten: Das grandiose Steinzeitgrab von *Maes Howe* und die Steinkreise von *Brodgar* und *Stenness* sind alle auf Mainland zu finden, ebenso wie die einzigartige Steinzeitsiedlung von *Skara Brae.*

Noch weiter nördlich liegt die Inselgruppe von **Shetland.** Die Hauptinsel heißt ebenfalls *Mainland,* die größte Ortschaft ist Lerwick. Autofähren verkehren von Stromness und Aberdeen. Auch auf den Shetlands existieren faszinierende Zeugnisse früher Menschheitsgeschichte: besonders die bronzezeitliche Siedlung *Jarlshof* auf Mainland und der Broch (Rundturm) auf Mousa.

Praktische Hinweise von A–Z

Ärztliche Versorgung

Kostenlose ärztliche Versorgung bietet der *National Health Service* in Notfällen auch für Touristen. Genaue Informationen geben die Krankenkassen.

Behinderte

Auskunft zu allen Fragen, ein ausführliches Verzeichnis mit Adressen von behindertenfreundlichen Unterkünften, Campingplätzen usw. ist erhältlich bei: *Disability Scotland (Scottish Council on Disability)* Princes House, 5 Shandwick Place, Edinburgh EH2 4RG, ☎ 00 44/131/ 2 29 86 32, FAX 2 29 51 68.

Diplomatische Vertretungen

Generalkonsulat der Bundesrepublik Deutschland: 16 Eglinton Crescent, Edinburgh EH12 5DG, ☎ 00 44/131 bzw. 01 31/3 37 23 23. *Honorarkonsulate:* 12 Albert Street, Aberdeen AB1 1Q, ☎ 0 12 24/62 20 00; Sovereign House, 158 West Regent Street, Glasgow G2 4RL, ☎ 01 41/2 21 03 04; Shore Street, Kirkwall KW15 1LQ, ☎ 0 18 56/87 29 61; Gaarthspool, Lerwick ZE1 0NP, ☎ 0 15 95/69 25 56.

Einreisebestimmungen

Bürger von EU-Staaten benötigen einen Personalausweis oder Reisepaß (Stichproben an den Grenzen!). Kinder und Jugendliche bis 16 Jahre benötigen keine eigenen Papiere, wenn sie im Ausweis ihrer Eltern eingetragen sind.

Elektrizität

Die Netzspannung beträgt 240 Volt Wechselstrom. Erforderlich ist allerdings ein dreipoliger Adapter.

Feiertage

Neujahr, Karfreitag, 1. Montag im Mai, letzter Montag im Mai, 1. Montag im August, 25., 26., evtl. 27. Dezember.

Geld

Währungseinheit ist das Pfund Sterling (£); £1 = 100 Pence. Neben den Noten und Münzen der *Bank of England* sind in Schottland Geldscheine von *Bank of Scotland* und *Royal Bank of Scotland* (anderes Design) in Umlauf. Schottische Geldscheine sollte man am besten noch in Schottland ausgeben. Noten: £1, £5, £10, £20, £50, £100; Münzen: 1 Penny, 2, 5, 10, 20, 50 Pence, £1. Banken sind Mo–Fr mindestens 9.30–12.30 und 13.30 bis 15.30 Uhr auf, manche länger.

Kreditkarten werden fast überall akzeptiert (Schilder am Eingang).

Information

In *Deutschland* erhält man Auskünfte aller Art und Informatiosmaterial über Schottland bei der Britischen Zentrale für Fremdenverkehr (BTA), Taunusstr. 52-60, 60329 Frankfurt/M., ☎ 069-23 80 7 11, FAX 23 80 7 17, ; die deutsche Niederlassung ist auch für *Österreich* zuständig. In der *Schweiz* wendet man sich an das BTA-Büro, Limmatquai 78, CH-8001 Zürich, ☎ 01-261 42 77, FAX 251 44 56.

Kleidung

Wasserfeste und warme Kleidung braucht man in Schottland zu jeder Jahreszeit. Theater etc. machen kein Aufhebens um Kleidervorschriften. Manche „gehobenen“ Restaurants und Hotels erwarten beim Dinner Jackett und Krawatte bzw. Rock oder Kleid.

Notruf

Für Polizei *(Police)*, Feuerwehr *(Fire Service)*, Krankenwagen *(Ambulance)*, gegebenenfalls Küstenwache *(Coastguard)* oder Bergwacht *(Mountain rescue)* gilt die Notrufnummer 999.

Maße, Temperatur

Länge

1 inch (in.) = 2,54 cm
1 foot (ft.) = 12 inches = 30,48 cm
1 yard (yd.) = 3 feet = 91,44 cm
1 mile (mi.) = 1,609 km

Volumen

1 gill (gl.) = 0,142 Liter
1 pint (pt.) = 4 gills = 0,568 Liter
1 quart (qt.) = 2 pints = 1,136 Liter
1 gallon (gal.) = 4 quarts = 4,5459 Liter

Gewicht

1 ounce (oz.) = 28,35 g
1 pound (lb.) = 16 ozs. = 453,6 g
1 stone (st.) = 14 lbs. = 6,35 kg
1 quarter (qr.) = 2 sts. = 12,7 kg
1 hundredweight = 4 qrs. = 50,8 kg

Temperatur

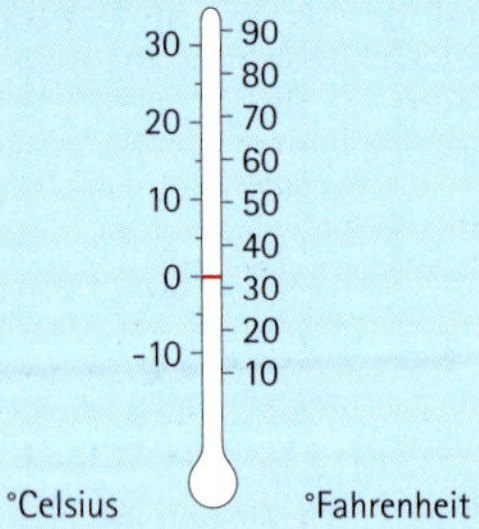

Post

Postämter sind in der Regel Mo–Fr von 9 bis 17.30 Uhr geöffnet, Sa oft nur bis 13 Uhr. Die sog. *Sub post offices*, d.h. Postschalter in Dorfläden, machen meist über Mittag und/oder an einem Nachmittag in der Woche zu. Derzeit kostet eine Postkarte bzw. ein Standardbrief in EU-Länder 26 Pence.

Straßenverkehr

Bei Pannen wendet man sich an die Hilfsdienste *AA (Automobile Association)* oder *RAC (Royal Automobile Club)*. Pannentelefone gibt es an den Hauptverkehrsstraßen. Mitglieder von Automobilklubs sollten ihren Ausweis mitbringen (ADAC-Mitglieder können bei Pannen den AA gebührenfrei unter 08 00/88 77 66 anwählen). Verkehrsregeln s. S. 24.

Telefon

Münztelefone funktionieren mit 10, 20 und 50 Pence sowie Einpfundmünzen, Mindesteinwurf 10 Pence. Kartentelefone gibt's fast überall, Karten bei Geschäften mit dem weißgrünen Schild *Phonecard*. Von öffentlichen Telefonzellen sind Fern- und Auslandsgespräche möglich, der Billigtarif gilt wochentags 18–8 Uhr und an Sonn- und Feiertagen. Inlandsauskunft: 192, Auslandsauskunft: 153.

Trinkgeld

Taxifahrer erwarten einen Aufschlag von 10–15 % des Fahrpreises, ebenso Bedienungen in Restaurants, wo auf der Speisekarte *Service NOT included* steht (ansonsten bleibt das „tip" dem Gast überlassen). Thekenpersonal in Pubs u. ä. bekommt in der Regel kein Trinkgeld. Gepäckträger und Hotelpagen nehmen gern von 50p an aufwärts. Wem es im *Country House Hotel* gefallen hat, der hinterläßt beim Bezahlen am Empfang eine Zuwendung fürs Personal. Insgesamt ist Schottland kein trinkgeldaufwendiges Reiseland.

Zeit

In Großbritannien gilt *Greenwich Mean Time* (GMT): man muß die Uhr eine Stunde zurückstellen. Bei Zeitangaben wird oft noch nach Vormittag „a.m." und Nachmittag „p.m." unterschieden, z. B.: 19 Uhr = 7 p.m.

Zoll

Folgende Höchstgrenzen gelten lediglich für Waren aus Nicht-EU-Ländern oder aus Duty-free-Shops bzw. für Reisende aus Nicht-EU-Mitgliedsstaaten: 200 Zigaretten oder 250 g Tabak, 1 l alkoholische Getränke über 22 Vol.-% oder 2 l unter 22 Vol.-%, 60 ml Parfüm oder 250 ml Eau de toilette.

Register

Sachregister

Personenregister

Bildnachweis

Alle Fotos APA Publications/Bill Wassman außer Bernd Helms: 19/2, 25/4, 27/1, 29, 33/1, 43/1, 53/1, 57/1–2, 65/3, 77/4, 81/1–2.
Mauritius/Thonig: Umschlag (Bild). Superbild/Bernd Ducke: Umschlag (Flagge).

Langenscheidt Mini-Dolmetscher

Allgemeines

Guten Morgen	Good morning [gud **moh**ning]
Guten Tag (nachmittags)	Good afternoon [gud after**nuhn**]
Hallo!	Hello! [häl**loh**]
Wie geht's?	How are you? [hau **ah**‿ju]
Danke, gut.	Fine, thank you. [**fain, θänk**‿ju]
Ich heiße ...	My name is ... [mai **nehm**‿is]
Auf Wiedersehen.	Goodbye. [gud**bai**]
Morgen	morning [**moh**ning]
Nachmittag	afternoon [after**nuhn**]
Abend	evening [**ihw**ning]
Nacht	night [nait]
morgen	tomorrow [tu**morr**oh]
heute	today [tu**deh**]
gestern	yesterday [**jes**terdeh]
Sprechen Sie Deutsch?	Do you speak German? [du‿ju spihk **dsehöh**mən]
Wie bitte?	Pardon? [**pah**dn]
Ich verstehe nicht.	I don't understand. [ai **dohnt** ander**ständ**]
Würden Sie das bitte wiederholen?	Would you repeat that please? [wud‿ju ri**piht** ðät, **plihs**]
bitte	please [**plihs**]
danke	thank you [**θänk**‿ju]
Keine Ursache.	You're welcome. [joh **wäll**kamm]
was / wer / welcher	what / who / which [wott / huh / witsch]
wo / wohin	where [wäə]
wie / wieviel	how / how much [hau / hau **matsch**]
wann / wie lange	when / how long [wänn / hau **long**]
Warum?	why [wai]
Wie heißt das?	What is this called? [**wott**‿**is** ðiß **kohld**]
Wo ist ...?	Where is ...? [**wäər**‿is ...]
Können Sie mir helfen?	Can you help me? [kän‿ju **hälp**‿mi]
ja	yes [jäß]
nein	no [noh]
Entschuldigen Sie.	Excuse me. [iks**kjuhs** mi]

Sightseeing

Gibt es hier eine Touristeninformation?	Is there a tourist information? [is‿ðər‿ə **tuə**rist infəmehschn]
Haben Sie einen Stadtplan / ein Hotelverzeichnis?	Do you have a city map / a hotel guide? [du‿ju häw‿ə **ßi**ti mäpp / hoh**täll** gaid]
Welche Sehenswürdigkeiten gibt es hier?	What are the local sights? [**wott**‿ə ðə **loh**kl **ßaits**]
Wann ist ... geöffnet?	When are the opening hours of ...? [**wänn**‿ah ði **ohp**ning auers əw ...]
das Museum	the museum [ðə mju**sih**əm]
die Kirche	the church [ðə **tschöh**tsch]
die Ausstellung	the exhibition [ði egsi**bischn**]
Wegen Restaurierung geschlossen.	Closed for restoration. [**klohsd** fə rästə**rehschn**]

Shopping

Wo gibt es ...?	Where can I find ...? [**wäə** kən‿ai **faind** ...]
Wieviel kostet das?	How much is this? [**hau**‿matsch **is**‿ðiß]
Das ist zu teuer.	This is too expensive. [ðiß‿is **tuh** iks**pänn**ßiw]
Das gefällt mir (nicht).	I like it. / I don't like it. [ai **laik**‿it / ai **dohnt laik**‿it]
Gibt es das in einer anderen Farbe / Größe?	Do you have this in a different colour / size? [du‿ju **häw**‿ðiß in‿ə **diff**rənt **kall**er/**ßais**]
Ich nehme es.	I'll take it. [ail **tehk**‿it]
Wo ist eine Bank?	Where is a bank? [**wäər**‿is ə‿**bänk**]
Ich suche einen Geldautomaten.	I am looking for a cash dispenser. [aim **luck**ing fər‿ə **käsch** dispännser]
Geben sie mir 100 g Käse / zwei Kilo Pfirsiche.	Could I have a hundred grams of cheese / two kilograms of peaches. [kud‿ai häw‿ə **hann**drəd grämms‿əw **tschihs** / **tuh kill**əgrämms‿əw **pih**tschis]
Haben Sie deutsche Zeitungen?	Do you have German newspapers? [du‿ju häw **dsehöh**mən **njuhs**pehpers]
Wo kann ich telefonieren / eine Telefonkarte kaufen?	Where can I make a phone call / buy a phone card? [**wäə** kən‿ai mehk‿ə **fohn**‿kohl / bai‿ə **fohn**‿kahd]

Notfälle

Ich brauche einen Arzt / Zahnarzt.	I need a doctor / a dentist. [ai **nihd**‿ə **dock**ter/ ə **dänn**tist]
Rufen Sie bitte einen Krankenwagen / die Polizei.	Please call an ambulance / the police. [**plihs** kohl ən‿**ämm**bjuləns / ðə pə**lihs**]
Wir hatten einen Unfall.	We've had an accident. [wihw **häd** ən‿**äck**ßidənt]
Wo ist das nächste Polizeirevier?	Where is the nearest police station? [**wäər**‿is ðə **niə**rəst pə**lihs** stehschn]
Ich bin bestohlen worden.	I have been robbed. [ai həw bihn **robbd**]
Mein Auto ist aufgebrochen worden.	My car has been broken into. [mai **kah** həs bihn **broh**kən **inn**tu]

Essen und Trinken

Die Speisekarte, bitte.	The menu please. [ðə **männ**ju plihs]
Brot	bread [bräd]
Kaffee	coffee [**koffi**]
Tee	tea [tih]
mit Milch / Zucker	with milk / sugar [wið‿**milk** / **schugg**er]
Orangensaft	orange juice [**orr**əndseh‿dseh uhs]
Mehr Kaffee, bitte.	Some more coffee please. [ßəm‿moh **koffi** plihs]
Suppe	soup [ßuhp]
Fisch / Meeresfrüchte	fish / seafood [fisch / **ßih**fud]
Fleisch / Geflügel	meat / poultry [miht / **pohl**tri]
Beilage	sidedish [**ßaid**disch]
vegetarische Gerichte	vegetarian food [wädsehə**tä**riən fud]
Eier	eggs [ägs]
Salat	salad [**ßäl**əd]
Dessert	dessert [di**söht**]
Obst	fruit [fruht]
Eis	ice cream [aiß **krihm**]
Wein	wine [wain]
weiß/rot/rosé	white / red / rosé [wait / räd / **roh**seh]
Bier	beer [**bi**ə]
Aperitif	aperitif [ə**pärr**ətihf]
Wasser	water [**woh**ter]
Mineralwasser	mineral water [**minn**rəl wohter]
mit / ohne Kohlensäure	sparkling / still [**spah**kling / still]
Limonade	lemonade [lämmə**nehd**]
Frühstück	breakfast [**bräck**fəst]
Mittagessen	lunch [lanntsch]
Abendessen	dinner [**dinn**er]
ein Imbiß	a snack [ə‿**ßnäck**]
Ich möchte bezahlen.	I would like to pay. [ai‿wud **laik**‿tə **peh**]
Es war sehr gut/nicht so gut.	It was very good / not so good. [it‿wəs **wärri gud** / **nott**‿ßoh **gud**]

Im Hotel

Ich suche ein gutes / nicht zu teures Hotel.	I am looking for a good / not too expensive hotel. [aim **luck**ing fər‿ə **gud** / **nott** tu ick**spänn**ßiw hoh**täll**]
Ich habe ein Zimmer reserviert.	I have booked a room. [ai həw **buckt** ə **ruhm**]
Ich suche ein Zimmer für ... Personen.	I am looking for a room for ... persons. [aim **luck**ing fər‿ə **ruhm** fə ... **pöh**ßns]
Mit Dusche und Toilette.	With shower and toilet. [wið **schau**ər‿ənd **toi**lət]
Mit Balkon / Blick aufs Meer.	With a balcony / overlooking the sea. [wið‿ə **bäl**kəni / **oh**werlucking ðə **ßih**]
Wieviel kostet das Zimmer pro Nacht?	How much is the room per night? [**hau**‿matsch is ðə ruhm pə‿**nait**]
Mit Frühstück?	Including breakfast? [in**kluh**ding **bräck**fəst]
Kann ich das Zimmer sehen?	Can I see the room? [kən‿ai **ßih** ðə ruhm]
Haben Sie ein anderes Zimmer?	Do you have another room? [du‿ju **häw** ə**na**ðer ruhm]
Das Zimmer gefällt mir (nicht).	I like the room. / I don't like the room. [ai **laick** ðə ruhm / ai **dohnt laick** ðə ruhm]
Kann ich mit Kreditkarte bezahlen?	Do you accept credit cards? [du‿ju əck**ßäppt krä**dit‿kahds]
Wo kann ich parken?	Where can I park the car? [**wä**ə kən‿ai **pahk** ðə **kah**]
Können Sie das Gepäck in mein Zimmer bringen?	Could you bring the luggage to my room? [kud‿ju **bring** ðə **lagg**idsch tə‿mai **ruhm**]
Haben Sie einen Platz für ein Zelt / einen Wohnwagen / ein Wohnmobil?	Is there room for a tent / a caravan / a camper? [is‿ðə **ruhm** fər‿ə **tänt** / ə **kär**əwən / ə **kämp**er]
Wir brauchen Strom / Wasser.	We need electricity / water. [wi **nihd** iläck**triß**əti / **woh**ter]